ro
ro
ro

Es begann als Kunstprojekt, das sowohl im realen Raum als auch in digitaler Form stattfand: In einem kleinen, ehemaligen Tickethäuschen mitten in Zürich (und via Webseite und Social Media im weltweiten Netz) existierte 2017 ein Jahr lang das «Fundbüro2». Dort nahmen Andrea Keller und Patrick Bolle sowie unterschiedliche «Gastbeamte» aus den Bereichen Kultur, Politik, Medien und Gesellschaft die Such- und Fundmeldungen zahlreicher Kundinnen und Kunden entgegen: vermisste, aber auch entdeckte Träume, Eigenschaften, Gefühle, Werte. Eindrückliche Lost & Founds aus den verschiedenen Foren versammeln sich hier in diesem Buch.

Andrea Keller, geb. 1981, am Waldrand aufgewachsen, hat in der Schweiz Journalismus studiert, die Kunsthochschule besucht sowie eine Yoga- und eine Coaching-Ausbildung absolviert. Sie ist stellvertretende Leiterin eines Museums und beschäftigt sich seit Jahren mit schriftlichen Formen der Selbstreflexion und dem schöpferischen, stärkenden Potenzial von Sprache und kreativem Ausdruck – unter anderem auch als Leiterin von Schreibwerkstätten für Armutsbetroffene und Krebserkrankte. Andrea Keller lebt in Thalwil bei Zürich sowie in Winterthur.

Patrick Bolle, geb. 1970, in den Bergen aufgewachsen, hat an der Hochschule Luzern in der Schweiz die Studiengänge Kulturmanagement und Soziokulturelle Animation absolviert. Mit seinem Büro «Kulturbande» geht er dem gesellschaftlichen Wandel nach, um diesen zu verstehen, zu fördern und zu dokumentieren. Daneben initiierte Bolle zahlreiche kulturelle Veranstaltungen. Patrick Bolle ist verheiratet, Familienvater und lebt in Zürich.

Inhalt

Idee: Patrick Bolle / Andrea Keller
Text: Andrea Keller
Meldungen: Kundinnen und Kunden des «Fundbüro2»

PROLOG

Einer Idee wachsen Flügel

Gehen dem Menschen Hühner und Hunde verloren, so weiß er, wo er sie suchen soll. Geht ihm sein Herz verloren, so weiß er nicht, wo er es suchen soll.

MONG DSI

Das etwas andere Fundbüro – auf dem Weg zu Ihnen

«Guten Tag», sagt sie.

«Guten Tag.»

«Ich habe etwas verloren.»

«Was genau haben Sie verloren?», will ich wissen.

Ich öffne das Formular am Computer. Die Frau steht direkt vor mir, ist um die sechzig und schenkt mir ein Schmetterlingslachen – ein schönes, zartes Lachen, das sich rauf bis in die hohen Töne wagt und da oben leicht zittert.

«Nun, wie soll ich sagen? Ich habe mein Glück verloren. Oder vielmehr: die Fähigkeit zu lieben. Nicht nur zu mögen, gern zu haben, sondern richtig zu lieben, wissen Sie, so mit Haut und mit Haaren.»

Ich setze zum Schreiben an. Meine Finger tanzen über die Tastatur, stocken, tänzeln weiter, während die Kundin am Schalter unseres Fundbüros ihre Geschichte erzählt:

«Es passierte nach meiner zweiten Ehe – der Ehe mit meinem vermeintlichen Traummann. Er hat mich zu sehr verletzt, nicht nur einmal. Irgendwann war genug. Dass es überhaupt enden musste und dann noch auf die Art und Weise, habe ich nie recht überwunden.»

«Wie lange ist das her?»

«Oh, schon lange. Sehr lange. Mehr als dreißig Jahre.»

«Können Sie Ihren Verlust vielleicht genauer beschreiben?»

«Wie gesagt, ich kann's einfach nicht mehr: dieses Lieben. Ich kann keine Männer mehr lieben, ich kann meine Arbeit nicht lieben. Nicht einmal meine Enkelkinder. Als sie klein waren, schon, ja, vielleicht. Aber jetzt sind sie Teenager und verhalten sich so, dass es mir schwerfällt, sie richtig gernzuhaben. Da verstehe ich die Liebe als Pflicht, die ich nicht recht erfüllen kann. Mir fehlt dieses Gefühl der absoluten, bedingungslosen Liebe. Es fehlt mir wirklich sehr.»

«Und die Selbstliebe – haben Sie die noch?»

Die Kundin schaut mich an. Dann fährt sie mit ihren Fingern durchs halblange Haar. Ihr Blick wandert zur Decke und verliert sich kurz in der Dekoration, die da baumelt – Stadtkarten von Zürich, gefaltet wie Lampions. «Nein», fährt sie schließlich fort, «nein», wiederholt sie, «die Selbstliebe fehlt mir sogar am allermeisten. Sie wäre das Wichtigste, nehme ich an, die Basis von allem. Aber auch sie will mir nicht wirklich gelingen. Ich finde mich nicht schön.»

Ich finde sie sogar sehr schön: mit ihren strahlend blauen Augen, in ihrem roten Wollmantel, mit diesem wachen Ausdruck im Gesicht. Aber was ich finde, tut nichts zur Sache – jedenfalls nicht hier und nicht jetzt.

«In den letzten dreißig Jahren», gesteht die Kundin, «habe ich mich auch nie fotografieren lassen, es existieren aus der Zeit praktisch keine Bilder von mir. Heute mache ich hin und wieder ein Selfie mit dem Smartphone. Dann lade ich es mir auf den Computer und bearbeite es mit Photoshop.»

Sie erzählt noch einiges, z. B., was sie beruflich macht. Unser Gespräch dauert etwa eine Viertelstunde. Ich führe die Frau durch das Formular, frage auch, wo sie wohnt, ob wir ihre Meldung veröffentlichen dürfen – und ob es okay für sie wäre, wenn wir sie kontaktieren, falls jemand bei uns vorbeikommt, der gefunden hat, was ihr fehlt. Sie nickt. Sie lächelt. Dann wühlt sie in ihrer Tasche und holt ihr Mobiltelefon heraus. Sie macht ein Foto von uns beiden. Wir schauen in die Kamera, die Mundwinkel nach oben gezogen. Zum Abschluss sagt sie etwas Wunderbares, das lange nachklingt: «Lieben heißt, Vertrauen zu haben. Vertrauen braucht es. Vertrauen in mich, in die anderen, in die Welt, in das Gemeinsame. Die Liebe hat mich immer sehr inspiriert.»

Ein nächster Kunde meldet sich am Schalter. Ein Mann Ende vierzig, mit ersten Zeitzeichen im Bart. Mit Jeansjacke und Lammfellkragen. Mit einem freundlichen Faltenspiel um die Augen. Er hat etwas gefunden: «Mein inneres Kind», sagt er, mit triumphierender Stimme. Abgeben will er es nicht, stellt er klar, auf gar keinen Fall, das komme nicht in Frage, aber es zu Protokoll geben.

«Sie haben also Ihr inneres Kind gefunden? Können Sie es mir genauer beschreiben?»

«Mein inneres Kind?» Er grinst übers ganze Gesicht. «Sie wollen wissen, wie mein inneres Kind ausschaut?»

«Nun, ja, wenn Sie das sagen können ... Oder wie es sich verhält? Wir würden einfach sehr genau wissen wollen, was Sie da gefunden haben.» Ich versuche, ganz die Beamtin zu sein, ernst und freundlich, den Kunden durch den Fragebogen zu führen. Dabei würde ich nur zu gern über die Theke springen, um mit seinem inneren Kind zu tanzen – frei und verrückt. Das ist das Schöne an diesem «Job» im Fundbüro: Ich kenne die Menschen nicht, die plötzlich vor mir stehen, sie reden über sich, sprechen aber auch zu mir. Allein die Besonderheit der Begegnung schafft eine Verbindung.

Im Laufe eines Jahres haben insgesamt über sechshundert Menschen in unserem Fundbüro für Gefühle, Hoffnungen und Wünsche eine Meldung gemacht. Es waren Frauen und Männer, Mädchen und Jungen, Glückliche und Traurige, Nachdenkliche und Leichtherzige, die den Mut hatten, mit ihrer persönlichen Fund- oder Verlustgeschichte Teil zu werden von einem besonderen Kunstprojekt: dem wohl weltweit ersten Lost & Found für Nicht-Dinge, also Immaterielles. Und das mitten in Zürich und im weltweiten Netz.

Gefunden: eine vermeintlich verrückte Idee

Vielleicht fragen Sie sich, wie es überhaupt zu dieser Art von Fundbüro gekommen ist – zu dieser Idee, Menschen einzuladen, uns ihre persönlichen Verlust- und Fundgeschichten von Gefühlen und Gedanken anzuvertrauen? Also über die Liebe zu reden, die Hoffnung, das Leben? Nun, am Anfang stand eine einmalige Gelegenheit: Im Zentrum von Zürich gibt es ein kleines, rundes Häuschen mit dunkler Holzverkleidung, in dem früher Kulturtickets verkauft wurden. Karten fürs Theater, die Oper, für Konzerte. Der Siegeszug des Internets hat die Schalterfrau dann irgendwann vom Stuhl gefegt; die meisten Menschen beziehen ihre Eintrittskarten heute online. Zeitgeist also, und Wandel … Sollten Sie ein nostalgisch veranlagter Mensch sein, entlockt Ihnen das womöglich einen Seufzer von tief unten in der Brust. Doch wie heißt es so schön? Nur wenn gewisse Dinge vergehen, kann wieder Neues entstehen. Genau. «Und jedem Anfang», das wusste auch der deutsch-schweizerische Schriftsteller, Dichter und Maler Hermann Hesse, «wohnt ein Zauber inne.»

Die Idee mit dem Fundbüro ist tatsächlich nur deshalb entstanden, weil sich das Gebäude in einer Zwischennutzungsphase befand und von einem Kollektiv verwaltet wurde, das lokalen Künstlern und Kulturschaffenden Raum bot. Patrick erhielt die Einladung, dem Häuschen Leben einzuhauchen, und so rief er mich eines schönen Tages an, um «gemeinsame Sache zu machen». Wenig später trafen wir uns vor Ort.

Wir setzten uns auf eine Bank, schauten und hörten uns um: Zürichs Werdmühleplatz, ein kleines Geheimnis – zentral gelegen und doch wenigen bekannt. Ein unaufgeregter Fleck Erde mit Kopfsteinpflaster, einem großen, kreisförmigen Brunnen, Ahornbäumen, einem Restaurant mit Terrasse, einem Friseurladen, einem Brautmodengeschäft. Flankiert von einer viel befahrenen Straße. In unmittelbarer Nähe das Polizeihauptgebäude, die Sternwarte: Weitblick auf den Mond, die Planeten, Fixsterne, kosmische Nebel, ferne Galaxien. Und gleich um die Ecke: ein «normales» Fundbüro. Jene Einrichtung, zu der Menschen pilgern, die ihre Schlüssel verloren haben, ihre Portemonnaies, Sonnenbrillen oder Handtaschen. Ebenfalls nicht fern: die Bahnhofstraße, Zürichs berühmteste Einkaufspassage und Flaniermeile. Sie gilt weltweit als eine der teuersten Straßen, spielt also in derselben Liga wie die Via Montenapoleone in Mailand, die Maximilianstraße in München, die New Bond Street in London – und sorgt mit ihren unzähligen Angeboten für Gier, für ganz viel Haben-Wollen. In ihrem funkelnden Dunstkreis saßen wir. Die Herbstsonne schien uns freundlich ins Gesicht.

Wir ließen uns inspirieren – vom Ort, dem ganzen Drumherum und In-uns-Drin. Und als der Gedanke an ein Fundbüro für Gefühle, Hoffnungen und Wünsche auftauchte, war tatsächlich ein klein wenig Zauber mit dabei, denn die Idee kam schnell und auffallend klar, aus beiden Köpfen im Wechselspiel, die Überzeugung gleich mit: Das braucht es! Gerade in der heutigen, materiell orientierten Zeit, in der wir Gefahr laufen, uns in konsumierendes Konsumgut zu verwandeln: ein Lost & Found der anderen Art. Eines, das die «normalen» Fundbüros ergänzt, um die Innenwelten erweitert. Unser Fundbüro2. Ein Projekt, das die Aufmerksamkeit weglockt von all den Schaufenstern und Dingen, weg von den Auslagen der Juweliergeschäfte mit teuren Armbändern, glitzernden Ketten und Ringen, weg von den modischen Schuhen mit den hohen Absätzen und den roten Sohlen, weg vom iPhone der neuesten Generation. Ein Gedankenexperiment, das an jene großen und kleinen Wichtigkeiten erinnert, die sich nicht für Geld kaufen, mit nach Hause nehmen und dingfest besitzen lassen. Und die eben trotzdem oder gerade deshalb so berühren, bewegen und bedeutsam sind für uns Menschen.

Sie fragen sich, an was wir dabei gedacht haben?
Dürfen wir zuerst Sie fragen?
Welche Gefühle, Gedanken, Überzeugungen, Hoffnungen und Ideen haben Sie verloren?
Welche gefunden?

Vielleicht haben Sie gerade einen langen Tag im Büro hinter sich und stellen rückblickend fest, dass Sie diese vielen, zu vielen Stunden ganz ohne Motivation verbracht haben, dass Ihnen der Antrieb abhandengekommen ist, und das möglicherweise nicht erst heute. Vielleicht schon vor Jahren. Oder Sie sind in den Ferien und bemerken, dass Ihre innere Anspannung weg ist, genauso wie das Gefühl dafür, welchen Tag wir überhaupt haben ...

Und fällt Ihnen auch etwas ein, das Sie gefunden haben im Verlauf Ihres bisherigen Lebens? Wie wäre es beispielsweise mit der Erkenntnis, dass Sie nur jene Freundschaften pflegen sollten, die Ihnen guttun? Freundschaften, bei denen Sie sich nach einer Begegnung aufgetankt und inspiriert fühlen – und nicht leergesaugt und frustriert. Mutter Teresa soll geraten haben: «Lasse nie zu, dass du jemandem begegnest, der nicht nach der Begegnung mit dir glücklicher ist.» Das gilt im besten Fall nicht nur für Sie, sondern ebenso für die anderen.

Was auch immer als Erstes aufblitzt – es gibt noch viel mehr, glauben Sie uns. Hat man erst diesen Knoten im Kopf gelöst, den ein Fundbüro für Nicht-Dinge möglicherweise im ersten Moment verursacht, beginnt es zu sprudeln. Interessanterweise haben wir uns am Anfang aber gar nicht lange damit aufgehalten, eigene Beispiele zu suchen – ganz im Gegenteil. Weder bei Patrick noch bei mir gab es eine offensichtliche Not, eine dringliche Meldung zu Verlorenem oder Gefundenem abzugeben, die die Initialzündung für ein solches Unterfangen geliefert hätte. «Ich verspürte am Anfang nicht das leiseste Bedürfnis, selbst eine Meldung zu machen», erzählte mir Patrick nach Abschluss des Projekts. Und ich wusste sofort, was er damit meinte. Mir ging es ganz ähnlich.

Natürlich tragen auch wir 1001 Meldungen über gefundene und verlorene Emotionen und Erkenntnisse in uns, das tut letztlich jeder, der atmet. Aber unser Fokus galt dem Gegenüber. Wir waren die «Beamten» – im offiziellen Dienste des Fundbüros. Und wir identifizierten uns mit der Seite hinter der Schaltertheke. Wir beide sind überzeugt, dass das Projekt auch nur deshalb entstehen und so funktionieren konnte – hätten eigene Geschichten in uns gebrannt und nach viel Aufmerksamkeit verlangt, hätten wir vielleicht sogar die Frustration in uns getragen, dass wir nicht gehört werden, dass es diesen Ort für unsere Verlust- und Fundmeldungen noch nicht gibt, wäre es wohl gar nicht möglich gewesen, uns auf all die Menschen einzulassen, die der Einladung gefolgt sind. Das klingt nun vielleicht etwas sehr altruistisch, zu selbstlos gar, um wahr zu sein – und wir stellen es im Nachhinein, wenigstens teilweise, auch in Frage. Vielleicht, müssen wir uns rückblickend eingestehen, vielleicht ging es von Anfang an doch mehr um das eigene Innenleben, als uns das selbst bewusst war.

Zur Tat geschritten

Zurück zu jenem Moment, in dem die Idee eines Fundbüros für Gefühle, Wünsche und Hoffnungen geboren war: Mit unserem freudigen Ja dazu war der erste große Schritt getan – nun galt es, den Weg der Realisierung zu gehen. Wir klärten unser Vorhaben bei einigen Mittagessen und Kaffees, unterhielten uns, phantasierten, präzisierten, formulierten und stellten bei verschiedenen Stiftungen und Kulturförderstellen Gesuche für die Finanzierung von Werbemitteln und Tafeln – denn ironischerweise lässt sich selbst ein Fundbüro für Immaterielles nicht ganz ohne Geld auf die Beine stellen. Nachdem das geschafft und ein kleines Budget vorhanden war, entschieden wir, den Schalter einmal monatlich zu öffnen, über die Dauer eines Jahres, zusammen mit einer Reihe von «Gastbeamten», lokalen Persönlichkeiten, die bereit waren, uns bei diesem Abenteuer zu begleiten. Und wir realisierten eine Webseite mit Online-Formularen, in denen die Kunden dieselben Fragen zu beantworten hatten wie am Schalter. Fragen, die wir aus den Standardformularen «normaler» Fundbüros abgewandelt haben. Fragen wie:

Was haben Sie gefunden / verloren?
Wann ist das passiert?
Wo ist das passiert?
Wie alt sind Sie?
Wo wohnen Sie?
Welches Geschlecht haben Sie?
Dürfen wir Ihre Meldung überarbeiten und veröffentlichen?

Die zusätzliche Anlaufstelle im Internet war uns sehr wichtig. Das reale Fundbüro2 am Werdmühleplatz sollte zwar unser Anker sein, manifestiert, fixiert, der Idee einen Boden und vier Wände geben. Heimat werden. Den Zugang aber wollten wir öffnen und so auch jene Menschen erreichen, die nicht vor Ort sein können oder beim Aufgeben ihrer Meldung kein aufmerksames Gegenüber möchten, sondern allein sein wollen. Denn: Erinnern Sie sich kurz an Ihr eigenes Beispiel, das Ihnen vorher eingefallen ist …

Wären Sie zu uns an den Schalter gekommen?
Vielleicht.
Vielleicht auch nicht.

Die Möglichkeit der direkten Begegnung fanden wir reizvoll, natürlich, und wir vertrauten auch darauf, dass es Menschen geben wird, die sich zu uns trauen. Dennoch war nicht klar, wie groß der Mut in der Bevölkerung ist und die Bereitschaft, einer wildfremden Person Intimes zu schildern, vielleicht sogar Einblick zu geben in ein trauriges Ereignis, Auskunft über ein Manko im Leben, und sich dadurch verletzlich zu zeigen. Schließlich leben wir in einer Welt, in der wir darauf trainiert sind, auf allen möglichen Kanälen eine Idealversion von uns nach außen zu tragen. Es war also schlicht nicht absehbar, wer vom Projekt alles erfahren und am helllichten Tag ein Fundbüro für Immaterielles aufsuchen würde – geschweige denn, was wir zu hören bekämen.

Wir fragten uns: Flattern vielleicht nur Spaßvögel ins Haus, die uns mit irrwitzigen Meldungen unterhalten wollen? Oder passiert genau das Gegenteil: Werden wir zur Anlaufstelle für jene, die rein gar nichts mehr zu lachen haben und um die wir uns dann ernsthaft Sorgen machen müssen? Können wir eine solche Verantwortung überhaupt tragen, zumal wir keine ausgebildeten Psychologen sind und keine konkrete Hilfe zu bieten haben?

Um gerüstet zu sein, kontaktierten wir verschiedene Stellen, so etwa den Notfallpsychiater der Stadt, den Kinder- und Jugendnotruf, den Elternnotruf, Beratungsstellen für Frauen, die Beratungsstelle für Asylsuchende, die Opferberatung der Stadt etc. und stellten eine Liste mit den wichtigsten Telefonnummern zusammen. Das gab uns jenes Sicherheitsnetz, das nötig war, um unser Experiment zu wagen. Und wir dürfen schon hier verraten: Diese Notfallliste blieb während all unserer Schaltertage unberührt in der Schublade liegen. Sie wurde nicht gebraucht.

An einem Samstag im Februar 2017 war es dann so weit. Wir starteten unser Projekt. Es war eisig kalt, der Geruch von

Schnee lag in der Luft, wir trugen zu dünne Socken, setzten Tee auf und feierten Eröffnung. Patrick hatte ein Schild herstellen lassen, das wir über die Eingangstür hängten. Und er hatte Vorhänge genäht, Holzbretter zugesägt, um den Innenraum zusätzlich zu verkleinern, intimer zu gestalten. Ich hatte Blumen gekauft, rote, gelbe und rosafarbene Ranunkeln – und Duftspray: Ein bisschen Angelika, Kiefer und Weihrauch in der Luft konnten nicht schaden. Wir wollten, dass sich die Leute wohlfühlen am Schalter und möglichst entspannen. Eine lokale Zeitung und ein lokaler Radiosender hatten über das Fundbüro berichtet. Auch in den Eventkalendern der Stadt und auf Facebook hatten wir Werbung gemacht. Tanja Kummer, eine Schweizer Schriftstellerin, war bei der Eröffnung mit dabei, um uns zu unterstützen. Wir alle freuten uns. Die Neugierde war groß. Denn schließlich wagten wir damit ein Experiment, nicht ohne Augenzwinkern – und trotzdem ernst gemeint.

Kein Small Talk, eine Wohltat

Sie kamen tatsächlich, die Kundinnen und Kunden, sie kamen und gingen, hinterließen ihre Schuhabdrücke auf dem knallgelben Teppich, den wir ausgerollt hatten, und ihre Wortmeldungen in den Verlust- und Fundformularen. Uns wurde beispielsweise Lebensfreude gemeldet – eine Begeisterung für das Sein, fürs Dasein, die ein Mann Anfang vierzig gefunden hatte, auf einem alten Motorrad und auf staubigen Straßen, weit weg von zu Hause. Ein anderer berichtete von toter Zeit, die ihm abhandengekommen sei – und mit ihr dieser verlorene Zwischenraum, in dem es auch Platz gegeben hatte für neue Ideen. Eine weitere Kundin erzählte, sie habe seit kurzem keine Kraft mehr, für sich selbst einzustehen. Dabei sei diese Kraft doch immer da gewesen, jeweils klar spürbar, wenn sie unfair behandelt worden war. Aber jetzt? ... Und so ging es weiter. Und weiter.

Jedes neue Gesicht schenkte uns eine neue Geschichte. Sie können sich sicher vorstellen, wie spannend das war: einfach dazusitzen, am Schalter, und nicht zu wissen, wer als Nächstes durch die Tür tritt und mit welcher Wortmeldung.

An den zehn Samstagnachmittagen, an denen wir das Fundbüro in Zürich geöffnet hatten, sammelten wir ungefähr hundert Meldungen. Die restlichen fünfhundert, die bis zum Ende des Projekts bei uns eingegangen waren, wurden online erfasst. Und sowohl bei den persönlich abgegebenen als auch bei jenen, die die Menschen gänzlich anonym eingereicht haben, gilt: Letztlich sind es neben Alltagsanekdoten die großen Menschheitsthemen, die uns darin begegnen, in vielen verschiedenen Spielarten. Es geht um existenzielle Fragen, um Sinn und Erfahrungen, um ganz grundsätzliche Gefühle, Befindlich- und Begrifflichkeiten. Und immer wieder und in vielem mit drin: die Vergänglichkeit von allem, der Wandel hin zum Neuen. Das Leben und der Tod.

Worte finden, die wirken

Teilen, mitteilen, überhaupt mal in Worte fassen, was persönlich berührt und beschäftigt – und es als Geschichte zu platzieren. Abzugeben. Zu deponieren in den unsichtbaren Regalen unseres Fundbüros. Dazu haben wir eingeladen. Und obgleich wir von Beginn an betonten, dass wir keine Therapeuten sind, konnte das Projekt durchaus gewisse therapiekräftige Aspekte haben – beim Besuch am Schalter, aber ebenso und vielleicht vor allem dann, wenn man zu Hause im stillen Kämmerlein eine Meldung aufgab: Denn schließlich werden noch unverstandene, neblige Gefühle beim Verfassen einer solchen Nachricht zwingend versprachlicht und somit greifbarer. Und wer sich bewusst ist, was genau er fühlt und warum, kann meist auch besser damit umgehen. Das ist nichts, was ich hier aus dem leeren Bauch raus behaupte und mit Heißhunger auf Sinnhaftigkeit, sondern etwas, was sich mit meiner persönlichen Erfahrung deckt: Schon als Jugendliche habe ich den schriftlichen Ausdruck meiner selbst und die damit verbundene Reflexion und Suche nach Auswegen, nach Lösungen, neuen Perspektiven als befreiend erlebt – gerade in jenen Momenten, in denen mir etwas fehlte, ich mich nicht erfüllt gefühlt und gehadert habe. Und auf der Suche nach den passenden Worten konnte ich erkennen, dass sich die Wirklichkeit ein Stück weit mitformulieren lässt, dass nichts in Stein gemeißelt ist, alles nochmals überdacht werden kann und durch die Umschreibung auch ein klein wenig umgeschrieben.

In den letzten Jahren machte ich mich mit der entsprechenden Lektüre auf die Suche nach der Kraft von Worten und beschäftigte mich mit psychologischen Aspekten und Theorien aus der Welt der Schreib- und sogenannten Poesietherapie. Diese Nachforschungen bestärkten mich in der Annahme, dass es überaus gewinnbringend sein kann, eigene Worte für sich selbst, die erlebte Realität und jene erfreulichen oder auch schmerzhaften Erfahrungen zu finden, die einem das Leben so zuspielt. Und welche Kraft damit verbunden ist, welch großes Potenzial, die persönliche (Gefühls-)Welt und das Dasein mitzugestalten, zu formen, an die Stelle von Unterdrücktem den Ausdruck zu rücken.

Was passiert da, in Ihnen?

Wir vermuten, dass einige unserer Kundinnen und Kunden ihren virtuellen oder tatsächlichen Besuch im Fundbüro2 ähnlich erlebt haben: als Wegstück eines Prozesses, der es erlaubt, selbst schwierige, vielleicht sogar schmerzhafte Erfahrungen zu identifizieren, zu benennen und dadurch besser verstehen, mit Bedeutung versehen und ablegen zu können. Und positiven, freudigen Erlebnissen und Erkenntnissen noch mehr Gewicht zu geben – jene Aufmerksamkeit eben, die sie verdient haben. Wenn das jeweils passiert ist, beim Einzelnen, der Einzelnen, dann wäre das jedenfalls eine Erklärung dafür, warum die Fragen «Bekomme ich das Verlorene hier wieder?», «Was habe ich jetzt davon?» oder

«Was passiert mit meiner Meldung?» nur sehr selten gestellt wurden.

Uns wurden zahlreiche, sehr persönliche Geschichten anvertraut, ohne dass im Gegenzug etwas Konkretes zurückgefordert wurde. Dafür sind wir sehr dankbar! Und, ja, natürlich kommunizierten wir unser Vorhaben, einen Teil der Meldungen im Internet zu veröffentlichen, bei Lesungen und nicht zuletzt in diesem Buch. Und jeder wurde diesbezüglich um Erlaubnis gebeten. Den allermeisten gefiel die Idee, ihre Erfahrung mit einer Leserschaft zu teilen – oder sie hatten zumindest nichts dagegen. Im Grunde hätte es aber wohl vielen gereicht, einfach nur einen Ort zu haben, an dem die eigene Verlust- oder Fundmeldung herzlich willkommen ist – und somit der Einladung zu folgen, mit sich selbst in die Tiefe zu gehen und davon Zeugnis abzulegen, spielerisch und ernsthaft zugleich. Für ein paar wertvolle Minuten. Denn mit jeder einzelnen Meldung verbunden ist auch ein Moment des Innehaltens, eine tagebuchartige Introspektion. Und gerade dieses Innehalten und In-sich-Hineinhorchen ist in der heutigen, prallen Zeit für viele Menschen zur Herausforderung geworden.

Jetzt liegt's in Ihrer Hand

Es ist eine große Freude, mit diesem Buch auch unser Projekt abzuschließen. Denn wir haben den Schalter in Zürich wieder geschlossen. Das ist etwas traurig, aber auch gut so. Hier gilt wie bei anderen Dingen: loslassen! Nur wenn gewisse

Dinge zu Ende gehen, kann wieder Neues entstehen. «Und jedem Anfang …» – Sie wissen vielleicht noch, wie's weitergeht. Mit Magie! Beziehungsweise hier: Bald schon mit einer Auswahl der Meldungen, die wir sammeln durften. Haben Sie noch einen Moment Geduld (oder, wenn Sie die längst verloren haben: Blättern Sie schon mal vor – es kann und will Ihnen hier niemand vorschreiben, wie dieses Buch zu lesen ist).

Bevor wir ganz offiziell zum Herzstück kommen, möchten wir Sie in ein paar Gedanken zum Prozess und Umgang mit dem Gemeldeten einweihen: Es fiel uns keinesfalls leicht, die einzelnen Beispiele in thematische Kapitel zu packen. Denn auch wenn die Arbeit mit «Schubladen» für Ordnung sorgt und uns dabei hilft, das Sammelsurium ein wenig zu bündeln und zu bändigen, wird die Zuordnung längst nicht allen Geschichten gerecht. Vielleicht hätten Sie bei dem einen oder anderen Fall anders entschieden, aus dessen Inhalt einen anderen Schwerpunkt rausgelesen und entsprechend eine andere Schublade gewählt. Damit können wir – und hoffentlich auch Sie – gut leben.

Ein gewisser Deutungsspielraum liegt in der Natur der Sache, quasi im Wesen derartiger Verlust- und Funderlebnisse: Wenn Menschen beschreiben, was sie an Gefühlen, Gedanken und Ideen verloren oder gefunden haben, beleuchten sie jeweils einen kleinen Teil eines viel größeren Ganzen, das sich wie ein Geflecht über verschiedenste Lebensthemen ausbreitet und mal da und mal dort seine Blüten treibt. So mögen wir einen Verlust beklagen, der mit dem Herzen zu tun hat und der Nähe zu einem anderen Menschen, die nicht mehr spürbar ist – und zugleich kann mit dem Liebeskummer auch ein Fund verbunden sein: Plötzlich zwingt man sich wieder raus in die Welt, geht tanzen, findet dadurch ein besseres Gefühl für den eigenen Körper und neuen Ausdruck von Lebensfreude.

Vielleicht haben Sie schon mal vom Schmetterlingseffekt gehört oder gelesen, dem Phänomen der sogenannten Nichtlinearen Dynamik, das der US-amerikanische Meteorologe Edward N. Lorenz 1972 erstmals in einem Vortrag mit dem Titel «Kann der Flügelschlag eines Schmetterlings in Brasilien einen Tornado in Texas auslösen?» öffentlich präsentierte. Es geht dabei um eine vermeintlich kleine Ursache mit ungeahnt großer Wirkung, die an einem ganz anderen Ort auftritt. Die Rede ist von Schneeballeffekten, Kettenreaktionen, Chaos und Ordnung, Zufall und Notwendigkeit. Wir möchten die Theorie hier nicht weiter sezieren, Sie aber herzlich dazu einladen, sich beim Lesen der Meldungen und eigenen Beispielen, die Ihnen einfallen, neugierig die Frage zu stellen, wozu der einzelne Verlust oder Fund wohl noch führen könnte, in ganz anderen Bereichen des Lebens. Und wenn Sie das tun, tun Sie sich einen Gefallen: Führen Sie Ihre Gedanken nicht ins Unwetter, sondern hin zur sonnigen Seite.

Eine zweite Überlegung, die wir Ihnen noch vor den Kapiteln mit den Meldungen nahebringen möchten, ist folgende: Bei unserem Kunstprojekt war es uns ein großes Anliegen, das Gesagte oder Geschriebene entgegenzunehmen, ohne sogleich zu werten, ohne Tipps abgeben zu wollen, die Menschen mit Rat zu erschlagen (haben Sie sich das Wort «Ratschlag» schon mal ganz genau angeschaut? Spannend, nicht wahr?) oder, wie bereits erwähnt, uns selbst zum Thema zu machen. Das war eine wunderbare Übung in Achtsamkeit, die wir von Herzen weiterempfehlen. Auch oder gerade im Alltag.

Wenn also ein Freund oder eine Arbeitskollegin oder auch jemand aus Ihrer Familie das nächste Mal etwas erzählt, das ihn oder sie beschäftigt, setzen Sie sich insgeheim den Hut des Fundbüro-Beamten auf. Ganz konkret: Klagt beispielsweise eine Bekannte darüber, dass sie die Freude an der Arbeit verloren hat, weil ihr nie jemand sagt, dass sie einen tollen Job macht, dann kritisieren Sie nicht den Vorgesetzten. Sagen Sie nicht, dass Sie auch wissen, wie sich das anfühlt, und raten Sie ihr ebenso wenig, sich eine neue Aufgabe zu suchen. Nehmen Sie die Gefühle und Geschichte des anderen einfach entgegen, so wie sie sind. Hören Sie konzentriert zu, versuchen Sie, zu verstehen – und laden Sie lediglich mit Fragen zur Vertiefung und Präzisierung ein. Das ist nicht ganz leicht, denn meist legen wir unsere eigene Erfahrung sofort wie eine schwere, als «schützend» verklärte Decke über das, was uns andere unterbreiten. Wenn wir dieser Versuchung aber widerstehen, wenn wir das Gesagte nicht gleich wieder mit unserer Erlebniswelt und Ratschlägen ersticken, können sich die Gedanken beim Gegenüber sorgfältiger entwickeln.

Dass man mit dieser Form der Kommunikation plötzlich neue, bislang unbemerkte Denkräume aufstößt, erlebte ich im Rahmen eines Retreats bei der Psychologin und Yogalehrerin Britta Kimpel in Italien – und da in einer sehr herausfordernden, mutigen Versuchsanlage: Schon am ersten Tag waren wir aufgefordert, uns zu zweit zusammenzutun und vis-à-vis voneinander Platz zu nehmen. Und die Aufgabe? Nun, einer hatte die Frage zu stellen:

«Was ist deine größte Angst?»

Der andere hatte zu antworten – und konnte dabei so lange reden und so ausführlich werden, wie er wollte. Als Fragesteller hatte man die strikte Anweisung, sein Gegenüber nicht zu unterbrechen, ja, nicht einmal die typischen Ich-höre-dir-zu-und-bin-ganz-bei-dir-Bestätigungslaute von sich zu geben. Also kein «therapeutisches Grunzen»: keine Ahas! Keine Hmm-mms. Nada! Nichts. Und wenn dann irgendwann Stille eintrat, nach einigen oder auch nach vielen, vielen Sätzen, weil vermeintlich alles gesagt war, fragte man nur:

«Und was steckt dahinter?»

Dieses «Spiel» galt es, ein paar Minuten durchzuhalten. Keine Kommentare und Bewertungen. Nur immer und immer wieder ein und dieselbe Frage: *«Was steckt dahinter?»* – *«Was steckt dahinter?»* – *«Was steckt dahinter?»*

Sie können sich sicher vorstellen, dass dabei auch Tränen geflossen sind. Aber vor Tränen sollten wir uns nicht fürchten. Ganz im Gegenteil. Wenn uns etwas traurig macht, sollten wir alle an Charles Dickens denken. Das ist jener englische Schriftsteller mit zerzaustem Bart, der *Oliver Twist* geschrieben hat. Dickens nämlich hat gewusst: «Weinen öffnet die Lungen, wäscht das Antlitz, ist eine gute Übung für die Augen und besänftigt. Also weine ruhig.»

Was wir auf unser Kunstprojekt bezogen sagen wollen: Ein solches Sich-selbst-Zurücknehmen in einem Gespräch ist äußerst lehrreich und kann zu neuen Erkenntnissen führen – auf beiden Seiten. Und das eben nicht nur in einem Fundbüro für Immaterielles oder in einem Yoga- und Coaching-Retreat, sondern im Grunde immer und überall, also auch «draußen» im Leben. Wie gesagt: Probieren Sie's aus. Am besten noch heute. Sie werden überrascht sein, was passiert, wenn man die Menschen ausreden lässt und sich zurückhält im Urteil.

Auf den folgenden Seiten möchten wir Ihnen die einzelnen Meldungen ebenfalls unkommentiert präsentieren – aber es gibt jeweils einleitende Essays zu den Themenwelten, in welchen letztlich auch wir ein Stück weit hinter dem Schalter hervorkriechen. Indem wir philosophische oder psychologische Konzepte und Zitate einpflegen, einzelne Stichworte umkreisen und uns damit auseinandersetzen, was uns persönlich beschäftigt. Den zweiten Teil, jenen mit den Meldungen, haben wir nicht durchorchestriert, sondern eine gewisse Spontaneität in der Reihenfolge zugelassen. Denn Ihnen soll es bei der Lektüre ein wenig so gehen wie uns Fundbüro-Beamten am Schalter: nämlich so, dass Sie nie genau wissen können, welche Geschichte als Nächstes «zur Tür reinkommt». Durch die Zuordnung der Meldungen zu den einzelnen Kapiteln wird jedoch die wildeste Mischung vermieden. Ihnen wird dadurch ermöglicht, vielleicht auch ganz bewusst zuerst in jene «Sphären» abzutauchen, die Sie persönlich gerade am meisten interessieren. Außerdem lassen wir am Ende eines jeden Kapitels Platz für eine Meldung von Ihnen. Das ist wichtig! Denn genau diese Meldungen, die wir zwar nie zu Gesicht bekommen werden, können für Sie sehr bedeutsam sein. Wir hoffen natürlich auch, dass das Fundbüro2 so noch etwas weiterexistiert – in Ihrer Hand, in Ihren Gedanken.

LIEBE, BEZIEHUNG, GEMEINSCHAFT

Guten Tag, haben Sie die Liebe zu meinem Ehemann gefunden?

Man hört immer von Leuten, die vor lauter Liebe den Verstand verloren haben. Aber es gibt auch viele, die vor lauter Verstand die Liebe verloren haben.

JEAN PAUL

Liebe, Beziehung, Gemeinschaft: drei Wörter, die uns verbinden – mit anderen, auch mit uns selbst. Ein wechselseitiges Verhältnis, ein innerer Zusammenhang

Ja, die Liebe. Mit ihr haben wir natürlich gerechnet und damit, dass sie «Gegenstand» vieler Meldungen sein wird. Denn Hand aufs Herz: Was gibt es Mächtigeres als sie? Was gibt es Schöneres, als Liebe gefunden zu haben? Und was schmerzt mehr, hinterlässt eine größere Leere als der Verlust einer Liebe?

Gerade nach einer gescheiterten Beziehung oder einer Zurückweisung erhält die Vorstellung der großen, ewigen Liebe oftmals durch ihre quälende Abwesenheit einen unermesslichen Wert. Sie erhebt sich gleichsam als Ideal aus der Asche, wie ein Phönix, und kreist über unseren traurigschweren Köpfen – unendlich begehrenswert und verwehrt, unerreichbar zugleich. Wir wollen sie, wir sehnen und verzehren uns danach. Aber die Liebe lässt sich nicht erzwingen. Schon Immanuel Kant, Philosoph der Aufklärung, wusste, dass es keine Pflicht zur Liebe geben kann, dass sie ein Geschenk ist und kein verlässliches Versprechen. Und die ganze Romantikindustrie, seien wir ehrlich, hat uns da ganz schön hohe Erwartungen in Kopf und Herz gesetzt. Erwartungen, bei denen die Enttäuschungen im Seitenwagen mitfahren ... So wie bei diesen Motorradgespannen, die, zugegeben, etwas aus der Mode geraten sind. Aber Sie haben bestimmt noch ein Bild davon im Kopf: Manchmal saß im Seitenwagen auch ein grinsender Hund mit Pilotenbrille.

Welche Erwartungen haben Sie an Ihren Partner?
Wurden Sie oft enttäuscht?

Es mag Momente geben im Leben, in denen es entspannend sein kann, sich vor Augen zu führen, dass die Liebe eine Geschichte ist. Eine Story. Eine wunderschöne Erfindung. Sicher, Menschen haben sich schon immer nach anderen verzehrt. Aber die romantische Liebe, wie wir sie heute im Sinn haben, wurde weitgehend in den Romanen des 18. Jahrhunderts gezeugt – zu einer Zeit, in der Menschen kaum je in entfachter Liebesleidenschaft geheiratet haben, sondern aus oftmals sehr praktischen Gründen. Noch Anfang des 20. Jahrhunderts waren Liebeshochzeiten nicht der Normalfall. Nehmen Sie das Telefon zur Hand und rufen Sie den ältesten Menschen an, den Sie kennen. Lassen Sie sich von dieser Person erzählen, wie das bei ihren Eltern oder Großeltern war und mit welcher Vorstellung der Liebe sie aufgewachsen sind. Dann wird Ihnen vermutlich klar: Diese Verschmelzung von prickelndem Sex, anregenden Gesprächen, Kerzenschein, Rosen und Geborgenheit bis ans Ende aller Tage ist ein Vorstellungsset jüngeren Datums. Und es ist eines, das von Wissenschaftlern mit nüchternem Blick untersucht wird.

Für das Gros der Evolutionsbiologen, Biochemiker und Hormonforscher ist die Liebe keine klassische Herzensangelegenheit (auch wenn Liebeskummer tatsächlich zu einem Herzstillstand führen kann – das hat die Medizin bestätigt). Der Ort, an dem die Magie beim Menschen passiere, sei das Hirn, sagen sie. Und nennen dann Begriffe, die den chemisch-physikalischen Ablauf der Liebe erklären sollen: Endorphine. Kortisol. Dopamin. Serotonin. Phenylethylamin. Geht man diesen Wörtern nach, führen sie zu unaufgeregten Erklärungen, zum Beispiel dafür, warum sogar die Schmetterlinge im Bauch irgendwann auf dem Boden der Tatsachen landen, die Liebe an Rausch und Intensität verliert, verschwinden oder sich wandeln wird.

Als es darum ging, dieses Kapitel zu schreiben, haben Patrick und ich uns im ehemaligen Fundbüro-Häuschen getroffen, um uns über die Liebe auszutauschen. Und wir empfehlen Ihnen: Tun Sie das auch. Sich einfach mal mitten in der Woche – es war bei uns ein Mittwochmorgen, 9:30 Uhr – freinehmen, um einen Freund oder eine Freundin zu treffen, Cappuccino zu trinken und in aller Gemütlichkeit über die Liebe und das Leben zu diskutieren. Das war nämlich schön. Auch wenn ich meinerseits bereits erste Anzeichen einer Grippe verspürte, zahlreiche Servietten vollgeschnäuzt habe und mein Kopf voller Wattewolken war, kaum ein Gedanke klar daherkam. Dafür hat es Patrick messerscharf auf den

Punkt gebracht: «Es gibt keine Liebesgeschichte, die für immer hält. Irgendwann kommt die Trennung. Vielleicht erst, wenn man selbst oder der Partner stirbt – aber irgendwann ist Schluss. In jedem Fall. Und je weniger wir uns in einer Beziehung mit uns selbst auseinandersetzen, desto mehr Arbeit erwartet uns nach deren Ende.» Also sollte man immer auch ein Stück weit bei sich bleiben, unabhängig sein, nicht die totale Verschmelzung anstreben.

Das erinnerte mich an einen kurzen Vortrag von Vera F. Birkenbihl, den ich auf YouTube gesehen habe.

Sagt Ihnen der Name etwas? Vera F. Birkenbihl?

Wenn nicht, rate ich: Googeln Sie diese Frau. Schauen Sie sich ihre Videos an. Zwingend! Frau Birkenbihl ist mittlerweile leider verstorben, aber sie war eine großartige Lern-, Kommunikations- und Hirnforscherin mit einem, zugegeben, eigensinnigen Pullovergeschmack und der Gabe, äußerst unterhaltsam und mit einer wohltuenden Prise Humor Wissen und Weisheit zu vermitteln. Und zur Liebe hat sie ungefähr Folgendes vermerkt: In der Verliebtheit ist man geneigt, aus zwei Individuen eines zu erschaffen – und dieses «Doppelwesen» wird dann als die perfekte Beziehung angesehen. Damit ein solches Doppelwesen aber überhaupt existieren kann, müssen sich die Partner einander passend machen. Da müssen gewisse Verhaltensweisen weg-, vielleicht auch Charakterzüge abtrainiert werden. Und das, sagt Vera F. Birkenbihl, kann unmöglich funktionieren! Weil es auf die Dauer unglücklich macht, nicht man selbst zu sein oder sein zu dürfen.

Ein weiteres bekanntes Muster: Man sucht sich unbewusst einen Partner, von dem man sich verspricht, dass er die eigene Unzulänglichkeit auszugleichen vermag. Auch das kann nicht gelingen. Erst als eigenständige Persönlichkeit, wenn man allein sein kann, eins mit sich ist und das auch zu genießen weiß, und wenn der Partner ebenfalls eine solche eigenständige Persönlichkeit darstellt ... ja, erst dann ist jeder für sich glücklich. Dann stellt die Beziehung das Dach dar, das von zwei starken Säulen getragen wird. Dann haben wir ein stabiles Konstrukt.

Für Patrick steht auch fest: «Nach bald fünfzig Jahren auf dieser Welt muss ich sagen: Im Grunde musst du zuerst mit dir selbst klarkommen, um mit anderen klarzukommen. Du musst dir selbst einen Wert geben beziehungsweise deinen Wert erkennen. Das kann kein anderer für dich tun.» Ich gebe ihm recht. Ihm und Vera F. Birkenbihl. Und wenn Sie jetzt denken: *Alles muss man selbst machen, wie anstrengend das doch ist!*, gebe ich auch Ihnen recht. Es ist anstrengend. Manchmal sogar sehr.

Einige der Meldungen, die wir erhalten haben, zeigen ebenso, dass es hin und wieder notwendig sein kann, sich aus einer unheilsamen Verbindung zu lösen, um überhaupt wieder zu sich zu finden und anzuerkennen, wer man eigentlich ist, was man braucht. Es ist dann Zeit, sich endlich wieder um jene wertvolle Beziehung zu kümmern, die man zu sich selbst hat. Dazu braucht es Mut und Kraft. Und das Einsehen, dass man eine gute Beziehung verdient hat. Was im Übrigen ein Herzensthema von Thomas Meyer ist, einem Schweizer Schriftsteller, der beim Fundbüro ebenfalls im Einsatz war und ein Buch mit dem Titel *Trennt euch!* veröffentlicht hat.

Meyer hält vom Kultivieren unglücklicher Zweisamkeit rein gar nichts, auch nicht vom Kämpfen um die Liebe. Er sagt: «Wenn der Punkt erreicht ist, wo man zum Kampf greifen muss, damit die Liebe weiterbestehen kann, ist es schon längst keine Liebe mehr. Sondern eben Kampf. Krieg und Drama.» Was aber nicht bedeuten soll, dass man bei den ersten Unstimmigkeiten sofort das Weite zu suchen hat. Eine Beziehung, die über die Jahre hinweg gelingen und erfüllen will, bedingt, dass man daran arbeitet. Und hin und wieder muss auch ein tiefes, dunkles, morastiges Tal durchwandert werden, Hand in Hand. Aber nur, wenn überhaupt (noch) eine Basis für gemeinsames Glück vorhanden ist. Damit ist keine abstruse Hoffnung gemeint, die weitergehen lässt, weil die oder der andere sich schon noch ändern und in Zukunft nur das tun wird, was einen happy macht.

Ich habe auch schon schwierige Beziehungen mit theatralischen Momenten durchlebt, die ich zu jenen Zeiten, in denen ich sie geführt habe, sicherlich romantisierte – indem ich etwa meine Leidensbereitschaft als Zeichen für eine starke Liebe missinterpretierte. Verstehen Sie mich richtig: Ich schätze diese Männer noch immer. Sie waren bemerkenswert – aber ein «Zusammen», das ging nicht. Das sollte nicht sein. Und ich bin froh, dieses Beziehungsmuster hinter mir gelassen zu haben. Heute weiß ich, dass es die dramatische Reibung nicht braucht, damit etwas als tief und wahr empfunden werden kann. Heute lebe ich in einer Partnerschaft, die von gegenseitigem Respekt geprägt ist und einer aufrichtigen Begeisterung fürs Gegenüber. Dafür bin ich sehr dankbar. Diese Verbindung ist knapp zwei Jahre alt. Patrick ist schon länger mit seiner Partnerin zusammen. Die beiden haben zusammen vier Kinder und bereits einiges erlebt.

Weil ich keine Kinder habe, wollte ich von Patrick wissen, was die Beziehung besonders macht, die Eltern zu ihnen haben. Seine Antwort: «Bei Kindern besteht die Gefahr, zu glauben, sie gehören einem. Ertappe ich mich dabei, versuche ich an die Aussage eines Freundes zu denken: *Sie gehören dir nicht! Du begleitest sie nur ein Weilchen.*»

Sie gehören dir nicht!

Du begleitest sie nur ein Weilchen.

Das ist natürlich nicht nur bei Kindern so, sondern auch bei Eltern, bei Partnern, bei Freundinnen und Freunden. Doch bei all diesen Beziehungen haben wir teils enorme Erwartungen an unser Gegenüber. «Eine kapitalistische Gesellschaft geht an den Seelen ihrer Bewohner nicht vorbei», sagte einmal Richard David Precht, der Popstar unter den deutschen Philosophen. Er meinte damit, dass wir nicht nur zum Geld ein marktwirtschaftliches Verhältnis pflegen, sondern auch zu unseren Gefühlen. Das muss nicht zwangsläufig bedeuten, dass wir andere Menschen grundsätzlich als unser Eigentum betrachten – aber wir «investieren» in eine Partnerschaft, in eine Freundschaft, in eine Beziehung und wünschen uns optimale Erträge. Wenn wir nicht genug kriegen oder das Gefühl haben, dass unsere Aufmerksamkeit und Zuneigung anderswo besser angelegt wäre, ziehen wir das Kapital auch gerne wieder ab.

Zugleich – und das ist fast ein Widerspruch – möchte der heutige Mensch vor allem aufgrund seiner individuellen Besonderheit geliebt werden und nicht etwa, weil er ganz bestimmte Erwartungen erfüllt.

Die Frage ist: Schaffen wir das bei uns selbst? Uns für das zu lieben, was uns ausmacht?

LOST

Ich habe die Hoffnung verloren, dass die einstige große Liebe zwischen meinem Mann und mir noch einmal von uns zum Blühen gebracht und zum Leben erweckt werden kann. Außerdem kann ich die Liebe zu meinem Mann nicht mehr fühlen, nicht mehr finden. Es ist so, als ob sie sich irgendwo versteckt hat oder von einem Berg lieblosen Umgangs miteinander verschüttet worden ist.

w, 60+

FOUND

Ich habe die Liebe wiedergefunden, in Form eines Mannes, den ich als Achtzehnjährige kennengelernt und nach einer Weile aus den Augen verloren habe.

w, 50+

FOUND

Ich habe eine Versöhnung mit meiner Mutter gefunden. Sie hat mich ständig kritisiert. Als Kind war ich ihr zu dünn, als Teenager zu dick, als Nicht-Studierende zu dumm. Sie wollte, dass ihre Wünsche die meinen sind: Ärztin sollte ich werden. Anwältin war auch eine Option. Und irgendwie bin ich das sogar geworden, Anwältin: meine eigene Strafverteidigerin. Ich hatte nämlich stets das Gefühl, dagegenreden zu müssen, zu argumentieren, sie zu überzeugen, dass auch mein Weg seine Richtigkeit hat: ein Leben mit einem kleinen Blumenladen in der Innenstadt und einem großen Hund, der oftmals stinkt, zugegeben. Jedenfalls dann, wenn es regnet. Bei einem unserer Spaziergänge ist es dann passiert: Ich habe mich entschieden, mich ihrer Kritik zu entziehen. Ich habe den Kontakt abgebrochen. Funkstille jetzt, seit mehr als zwei Jahren. Frieden! Paradoxerweise liegt gerade in diesem Kontaktabbruch meine Versöhnung mit ihr. Ich will sie nicht mehr ändern. Ich fordere nicht mehr, dass sie mich so annimmt und liebt, wie ich bin. Und sie darf jetzt so sein, wie sie ist. Sie darf mich anders haben wollen – mit schönen Fingernägeln und Kleidchen, mit beeindruckender Karriere, mit Mann und Kind. Das ist okay. Aber ich gebe dem keinen Raum mehr, keine Bühne, kein Scheinwerferlicht. Glauben Sie es oder nicht: Es fühlt sich an, als wäre ich endlich nach Hause gekommen.

w, 30+

LOST

Ich habe den unbändigen Willen und den Ehrgeiz verloren, mich neu zu verlieben.

m, 50+

FOUND

Ich habe mich in einem dunklen Moment meines Lebens wiedergefunden, nach einer langen, unheilsamen Beziehung zu einem Mann mit schönen schwarzen Locken und einer irrsinnigen Kälte. Wie oft habe ich gefroren in seiner Anwesenheit. Da liegt man Haut an Haut und denkt, man liebt sich heiß, und friert dabei. Er war gedanklich immer bei sich, kaum bei mir, und immer war alles schwierig, sinnlos, verkehrt. Das Leben schlecht. Die Menschen dumm. Er hatte Depressionen, das wollte ich ihm nicht vorhalten, das hatte schon seine Mutter. Ich konnte nichts tun, habe mich an seiner Seite sehr einsam gefühlt und vernachlässigt, bin immer dicker geworden, und ein bisschen getrunken habe ich auch. Und dann, letzten Sommer, musste er von seinem Arbeitgeber aus zwei Wochen ins Ausland. Kaum war er aus der Tür, wurde es wärmer in der Wohnung. Ehrlich, es wurde wärmer. Ich hatte glühend heiße Wangen. Und mit der Wärme kam auch die Erinnerung an mich selbst zurück. Ich saß am Küchentisch, aß einen Teller Pasta, und plötzlich war ich wieder da. So wie ich war, bevor ich mich in ihn verliebt hatte und in seine schönen schwarzen Locken.

Und ich war ein fröhlicher Mensch. Das hatte ich vergessen: wie fröhlich ich im Grunde bin, wie leicht und unbeschwert. Nun, als er von seiner Reise zurückkam, war ich ausgezogen. Jetzt geht es mir besser. Und das Verrückte ist: ihm auch.

w, 30+

FOUND

Ich habe die Überzeugung gefunden, angekommen zu sein! Bei einem Menschen, der mir das Gefühl gibt, der tollste Mensch auf Erden zu sein. Mich in allen Facetten so annimmt, wie ich bin. Meine Macken nicht in Frage stellt und mein Herz mit bedingungsloser Liebe füllt.

w, 20+

FOUND

Wie kann einem etwas, was einem nie gehört hat, so fehlen? Immer dann, wenn etwas Schönes oder etwas ganz Schlimmes in meinem Leben geschieht, raubt es mir für einen Augenblick die Worte. Als gäbe es keine Wörter, die auch nur nahezu ausdrücken könnten, was ich fühle. Ich lebe ein gutes, intensives Leben, aber DU hast etwas in mir ausgelöst – obwohl wir uns noch nie gesehen haben. Ließest mich träumen und hoffen. Ich glaubte dir, als du mir schriebst, diese guten Gefühle werden uns noch lange begleiten. Was für ein tolles Gefühl, wenn man meint, jemanden gefunden zu haben, der nur nach einem suchte! Wie konntest du mich dann nur mit einer Standardantwort verabschieden?! Meine Freundin meint, es sei eigentlich egal, was man mache, man werde eh gefunden. Ich glaube aber, dem Glück muss man manchmal ein wenig auf die Sprünge helfen. Und so gehe ich weiter in meinem Leben mit dem großen Wunsch, bald gefunden, eben entdeckt zu werden.

w, 20+

LOST

Lass uns mal was zusammen machen … Tut mir leid, dass ich nicht mehr geschrieben hab – aber jetzt werde ich es tun, ehrlich … Wollen wir nächste Woche tanzen gehen? … Komm doch an Silvester mit, ich melde mich nächste Woche! … Und dann? Nie mehr was gehört. Wenn's hoch kommt, auf Anfrage etwas Blabla via WhatsApp. Weil alle wahnsinnig busy sind und Unverbindlichkeit zum neuen Lebensgefühl gehört. Nach 'ner Weile verliert man so die Vorfreude auf Menschen.

w, 40+

LOST

Was ich verloren habe? Die Überzeugung, die richtigen Freunde zu haben. Ich habe starke Zweifel. Leider. Es war lange Zeit schön mit ihnen, ich fühlte mich stets gut aufgehoben. Aber vor zwei Monaten machten wir zu viert einen Ausflug, ein verlängertes Wochenende. Und sie benahmen sich wie reiche, verwöhnte Kinder.

Da gab es eine unglaubliche Erwartung an das Personal unseres Hotels – und fast schon Drohungen, weil das Frühstücksbuffet nicht ganz so reichhaltig war wie auf der Webseite versprochen, weil die frischen Früchte fehlten, der Kaffee nicht ganz nach ihrem Gusto war. Das war das eine: dieses strenge Fordern und Sich-Aufblasen, das Wichtig-Nehmen, das Ausspielen der Macht eines Gastes, der schließlich bezahlt hat und im Anschluss eine schlechte Bewertung ins Netz stellen kann. Auf der anderen Seite haben sie sich am Abend Koks reingepfiffen und bis morgens um drei unsere Hotelnachbarn terrorisiert ... Mit lauter, schlechter Musik, wildem Rumgehüpfe auf den Betten und derben Sprüchen, die sie zum offenen Fenster rausgrölten. Früher hätte ich das alles lustig gefunden und mir keine Gedanken gemacht. Aber dieses Mal habe ich mich geschämt. Es ist mir zu primitiv geworden. Jetzt muss ich mir neue Freunde suchen.

m, 30+

LOST

Ich habe meine Empathie verloren. Mir geht es auch ohne sie ganz gut. Sehr gut sogar. Eigentlich außergewöhnlich gut, muss ich sagen. Ich bin nicht mehr darauf angewiesen, dass mir gegenüber jemand Empathie zeigt. Ich kann mir alles kaufen und bin nicht auf Empathie anderer angewiesen. Weshalb sollte ich sie für andere aufbringen? Und doch vermisse ich sie manchmal. Was, wenn ich mal auf die Schnauze falle, ganz unten lande? Was, wenn dann alle um mich herum auch gerade keine Empathie zur Hand haben? Ist nur Nehmen, um es dann auszugeben, richtig? Wie geht es denen, die nichts auszugeben haben und gerne etwas Empathie nehmen würden? Ich wohne im Herzen Europas. Hier habe ich sie verloren. Hast du sie gefunden? Als Belohnung bekommst du nichts, außer dass ich anderen gegenüber wieder Empathie zeigen werde.

w, 30+

LOST

Ich habe die Hoffnung verloren, dass die Menschen in Zürich es hinbekommen, wieder miteinander zu reden, zu flirten, sich Aufmerksamkeit zu schenken. Ich tue alles, um mit den Menschen in Kontakt zu kommen, und muss immer wieder merken, dass die, die in Zürich leben, wohl keine Kontakte mehr benötigen. Alle sind so mit sich selbst und ihrem Handy beschäftigt, dass es kaum noch Blickkontakte gibt – geschweige denn ein freundliches Lächeln, wenn man sich neben jemanden setzt.

w, 50+

FOUND

Ich habe was ziemlich Großes, Mehrteiliges gefunden: etliche wunderschöne Begegnungen mit Menschen auf dieser Welt, die unterwegs sind, um die Erde noch toller zu machen. Ich bin auf unbefristeter Pilgerschaft. Menschen gehen auf mich zu oder ich gehe auf sie zu. «Fremde sind Freunde, die man noch nicht kennengelernt hat.» Ich habe keine großen Ziele, sondern ich suche und finde die Begegnung mit Menschen und ihre kleinen Wünsche.

w, 50+

LOST

Ich habe einen engen Freund verloren. Wir waren Freunde für ein paar Momente im Sommer. Er ein syrischer Flüchtling, dreiundzwanzig, ich seine alte Deutschlehrerin. Aber es geht gar nicht darum, was wir sind, wie alt wir sind oder woher wir stammen. Auf einer elementaren Ebene sind wir uns begegnet, entgegen aller Wahrscheinlichkeit – zwei Engel, die sich treffen, so haben wir es genannt. Eine Christin und ein Sunnit, aber auch das war letztlich egal. Wir haben einen Vormittag am Rhein verbracht, der aus der Wirklichkeit fiel – nur dagesessen, die Fähre und die Enten beobachtet und manchmal ein bisschen gequatscht über die Dinge, die uns in den Sinn kamen, und Musik gehört. So still und nah und verbunden, voller warmer Zuneigung und Respekt. Danach gab es SMS, die mir immer noch das Herz erwärmen; vor Freude und Glück. Und dann ging alles verloren, irgendwo zwischen Missverständnissen und Mauern und Grenzen und

Alltag und Verwirrung und Sprachbarrieren. Über die Missverständnisse wollten wir lachen. Über den Rest konnten wir nicht sprechen. Wir könnten uns jeden Tag an der Sprachschule sehen, wo er einen weiteren Kurs besucht. Aber wir sehen uns nie. Er sagt, er habe keine Zeit, wirklich keine Zeit. Er muss lernen, um einen guten Job zu finden. Ich warte nun nicht mehr auf ihn. Ich glaube nicht, dass alles eine Lüge war. Ich würde gerne fragen, was passiert ist. Ich kann aber keinen zwingen, den ich achte. So bleibt die tiefe Trauer über den plötzlichen Verlust meines guten Freundes.

w, 40+

LOST

Mein Verlust hat mit meinem Alter zu tun. Ich war immer ein großer Bewunderer und Liebhaber schöner Frauen. Und ich hatte ein wunderbares Leben – mit diesen Frauen. Ich habe nicht vielen Frauen Verletzungen zugefügt und hatte ein gutes Gefühl, pflegte einen guten Umgang. Eine dieser wunderbaren Frauen habe ich dann geheiratet. Das Einzige, was mir in dieser über vierzigjährigen Ehe Schmerzen bereitet hat, war ihre Eifersucht. Sie hat mir Frauen angedichtet, die ich gar nicht hatte … Ihre Eifersucht war schlimm. Und je älter ich werde, desto unsichtbarer bin ich für die Frauen. Nach meinem siebzigsten Geburtstag habe ich dann gemerkt, dass all die Affären, die mir meine Frau angedichtet hat, ich aber gar nie gelebt habe, tatsächlich verloren sind. Ich finde, das Alter ist etwas Schönes. Aber ich leide unter meiner Unsichtbarkeit ...

m, 70+

LOST

Ich habe den Menschen verloren, mit dem ich am besten schweigen, mit dem ich wunderbar im Moment sein und mit dem ich um Schokoküsse wetten konnte. Den Menschen, der am meisten über meine Witze lachte, der mich am häufigsten und am liebsten besuchen kam und mit dem ich meine Abenteuerlust und meine Faszination fürs Wasser ausleben konnte. Den Menschen, mit dem ich am liebsten auf dem Balkon saß. Einen Menschen, dem ich vertraute und den ich sehr gern hatte. Einen Menschen, der Kleinigkeiten an mir wahrnahm, die viele andere nicht kennen. Einen Menschen, der oft bemüht war, dass es mir gutging und dass er mich nicht verletzte. Einen Menschen, mit dem ich eine Vertrautheit und Nähe aufgebaut hatte. Gleichzeitig ist dieser verlorene Mensch aber auch der Mensch, der mich am meisten verletzt hat in meinem bisherigen Leben. Am abgrundtiefsten und nachhaltigsten. Nicht nur einmal, sondern immer wieder. Deshalb habe ich ihn abgegeben. Nicht ohne all das Kostbare an und mit ihm weiterhin zu vermissen.

w, 40+

FOUND

Ich habe das Herz eines wunderbaren Mannes gefunden. Er ist wunderschön, er hat ein Lächeln wie die Sonne, er ist freundlich und liebevoll, kommt von weit her und lebt am anderen Ende des sozialen Spektrums. Ich würde es gerne behalten, aber ich habe in meinem Leben keinen Platz dafür. Die langjährige Vorbesitzerin hat es weggeworfen. Jetzt sucht sie danach und findet es nicht mehr. Ich wünsche mir, dass es in gute Hände kommt. Zu einer Frau, die es wert ist, die damit verantwortlich umgeht und die es brauchen kann.

w, 40+

FOUND

Ich habe fünfmal die GANZ GROSSE LIEBE gefunden.
Vor zwanzig Jahren, als meine Tochter zur Welt kam, war es das erste Mal.
Vor vierzehn Jahren, als ich meinen jetzigen Partner kennenlernte, war es das zweite Mal.
Vor neun Jahren, als unsere Pflegetochter zu uns kam, war es das dritte Mal.
Vor fünf Jahren, als mein Pferd in mein Leben trat, war es das vierte Mal.
Vor einem Jahr, als wir unseren Hund kauften, war es das fünfte Mal.
Jetzt fragen Sie sich vielleicht, ob ein Mensch so einen Haufen gefundener Liebe verkraften kann? O ja, er kann!

w, 50+

LOST

Das Gefühl, geliebt zu werden und geborgen zu sein. Mir fehlt jemand, der nach mir schauen möchte, der auf meiner Seite ist, der für mich da ist. Dieses unbedingte «Ich will, dass es dir gutgeht». Das selbstverständliche «Wir». Jemand, dem es nicht zu viel ist, an mich zu denken und mit mir zu sein, der mitdenkt, der auch mal etwas macht und Verantwortung übernimmt. Dieses Bedürfnis, das schon kleine Jungs im Kindergarten für dieses eine Mädchen haben – es wird nach ihr geschaut, keine andere wird gesehen, es wird beschützt und auch mal ungefragt abgebusselt. Er weiß genau, wie es ihr geht, und hat diesen magischen Schlüssel, sie zu trösten und ihr ein Lächeln zu zaubern. Ich vermisse «ihn».

w, 50+

LOST

Ich habe den treuen Blick von Benno verloren. Dieser tolle, grundgute und freundliche Hund fehlt mir sehr – nach den zweieinhalb Jahren, in denen ich ihm einen Altersruheplätz bieten durfte. Er wurde nach schwerer Krankheit erlöst und tollt nun auf der anderen Seite des Regenbogens. Du wirst hier vermisst, Benno!

w, 40+

FOUND

Ich habe ein bisschen Liebe gefunden und zuerst überlegt, sie einzustecken. Aber ich habe eigentlich genug. Deshalb hoffe ich, ich kann sie wieder zurückgeben – irgendwem.

w, 20+

LOST

Ich habe die Erwartung verloren, mit meinem Mann unsere Beziehung zu gestalten und gemeinsam alt zu werden.
Das war eine Selbstverständlichkeit für mich.
Vor kurzem hat er sich von mir getrennt, weil er noch einmal ein anderes Leben möchte, auch wenn er noch nicht wirklich weiß, was für eins oder wo oder mit wem.
Jetzt ist die Zukunft auch für mich wieder ungewiss – im Guten wie im Schlechten.

w, 50+

LOST

Ich habe ein Stück meines Herzens verloren.
Zuletzt gesehen bei folgender Person:
Männlich, einundvierzig, dunkelhaarig, ziemlich gut aussehend, seelenverwandt, mich verstehend, die gleichen Träume teilend, mit vielen Problemen behaftet, mich so liebend wie ich bin, eine gemeinsame Zukunft planend – hat erst sich selbst verloren, in Problemen

der Vergangenheit, und dann hat er meinen Herzteil mitgenommen.
Ich würde den Teil meines Herzens sehr gern wiederfinden, was nur mit oben beschriebener Person möglich ist, da der Herzteil unwiederbringlich mit ihr verbunden ist.
Ich hoffe sehr, dass der oben Beschriebene meinen Herzteil nicht tief vergraben hat, sodass er unauffindbar ist.
Freue mich über jeden Hinweis, es wäre schön, wenn ich mich wieder komplett fühlen dürfte.

w, 30+

FOUND

In einem Anfall von Wahnsinn habe ich meine große Liebe weggeworfen. Aber das Schicksal ist eine wunderbare Sache. Ich habe sie wiedergefunden.
Auf der Suche nach einer anderen Liebe – bei meinem Versuch, die einzige wahre zu vergessen – habe ich sie gesehen. Plötzlich war sie da. Direkt vor mir. Ich bin erschrocken. Aber mit allem Mut und einer weiteren Portion Wahnsinn habe ich sie angesprochen. Und zack. Ihr ging es genauso. Nun sind wir beide froh, dass wir uns wiedergefunden haben.

m, 30+

Guten Tag, haben Sie die Liebe zu meinem Ehemann gefunden?

FOUND

Nach x Beziehungen in meinem Leben und der kürzlich letzten Trennung machte ich mich auf die Suche nach meinem eigenen Ich. Ich zog in eine andere Stadt und nach Jahrzehnten in einer WG auch in eine eigene Wohnung. Ungewohnt und neu, diese Ich-Phase, zeitlich zwar undefiniert, aber sicher limitiert. Ich bin eben ein Beziehungsmensch. Und dann traf ich sie: unabhängig und auch beziehungsverarbeitend. Wir hatten schon neun Dates in drei Monaten. Wir sind kein Paar (sagt sie). Wir sollen es fließen lassen (sagt sie). Ich möchte sie jeden Tag sehen, doch sie wohnt in Deutschland, ich in der Schweiz. Mein Herz rast, wenn ich an sie denke. Sie hat gemerkt, dass ich allem einen Namen geben will. Sind wir in einer Beziehung, bin ich wieder verliebt? Sie be(un)ruhigt mich: Das Kind ist geboren, doch es braucht keinen Namen.

m, 50+

FOUND

Ich habe Gefühle für einen Mann gefunden. Lange Zeit war mein Vertrauen nur noch Schrott, und ich habe mich aktiv gegen alles gewehrt, was nur ansatzweise mit Anziehung zu einem Mann zu tun hatte. Jetzt bin ich dabei, mich zu verlieben.

w, 20+

LOST

Ich habe das Vertrauen in die Menschen verloren. Meine Gutgläubigkeit. Meine Naivität. Ich habe sehr viele Menschen kennengelernt, die mit mir unachtsam umgehen und mich wie eine Ware behandeln. Mich oberflächlich behandeln und nach Gebrauch wieder wegstellen. So wie man eine Ware wieder wegstellen würde. Ich habe die Freude an neuen Begegnungen, an Bekanntschaften verloren.

m, 40+

FOUND

Vor zwei Jahren habe ich gemerkt, dass ich mich nicht mehr auf meinen Freund verlassen konnte. Er hat mich verlassen. Ich trug ihn weiterhin in meinem Herzen, wo auch immer ich war. Ich verblutete fast und bin beinah gestorben an diesem Verlust, und es brauchte so viel Arbeit, wieder auf die Beine zu kommen. Jetzt ist es so weit: Ich habe mich wiedergefunden, zurück zu mir. Es fühlt sich gut an.

w, 50+

Und jetzt sind Sie dran: Welche Lost- oder Found-Meldung zum Themenbereich «Gemeinschaft, Beziehung und Liebe» würden Sie hier gerne platzieren? Beschreiben Sie es: Was haben Sie gefunden, was verloren? Und wo und wann ist das passiert?

....

....

....

....

....

....

....

....

....

....

....

....

....

....

....

....

....

....

....

....

....

....

SELBSTBEWUSSTSEIN, VERTRAUEN, WERT

Guten Tag, haben Sie meine Identität gefunden, mein wahres Ich?

Was einer für sich selbst ist, was ihn in die Einsamkeit begleitet und was keiner ihm geben oder nehmen kann, ist offenbar für ihn wesentlicher als alles, was er besitzen, oder auch, was er in den Augen anderer sein mag.

ARTHUR SCHOPENHAUER

Selbstbewusstsein, Vertrauen, Wert: drei Wörter, die für eine Basis stehen, auf der man aufbauen und sich richtig entfalten kann

Es ist mir zum ersten Mal in einer Schreibwerkstatt aufgefallen, die ich für Menschen durchführte, die von Armut betroffen waren: dass das Wort «Verdienst» dem Selbstbewusstsein übel mitspielen kann. Wenn nämlich der Verdienst (Lohn) ausbleibt, weil man arbeitslos wurde oder krank, irgendwie rausgefallen ist aus der strammen Leistungsgesellschaft, wenn man also nichts mehr verdient, heißt das dann, dass man auch nichts mehr verdient hat? Verstehen Sie, was ich meine? Oder anders gefragt:

Verdienen Sie, was Sie verdienen?
Hätten Sie mehr verdient, vielleicht sogar weniger?

Die wunderbaren Teilnehmer der Schreibwerkstatt haben mir vor Augen geführt, wie rasch Geld zum Indikator für den Wert der eigenen Person werden kann. Deshalb ist es mir ein Anliegen, Ihren Wert sofort wieder von diesem monetären, leistungsorientierten, äußerlichen Anstrich zu reinigen – mit Hilfe von Immanuel Kant. Der unbestechliche Denker hielt mit wohltuender Klarheit fest: Der Mensch hat einen absoluten Wert. Keinen relativen, taxierbaren – einen absoluten. Einen über alle Vergleiche erhabenen, inneren Wert. Und dieser Wert heißt Würde.

Ein jeder von uns hat also, ganz unabhängig von dem, was er tut und darstellt in der Gesellschaft, einen inneren, unantastbaren Wert. Und trotzdem befinden wir uns im stetigen Wettbewerb mit anderen, im permanenten Vergleich. Angesichts all derer, die erfolgreicher sind, sportlicher, attraktiver, klüger und beliebter als man selbst, kann das eigene Selbstbewusstsein schon mal ins Straucheln geraten. Und diese Erfolgreicheren, Sportlicheren, Attraktiveren, Klügeren und Beliebteren haben wir ständig vor Augen – auch wenn viele von ihnen in Wahrheit eine Fata Morgana sind, eine Wahrnehmungstäuschung, die einer nahen Betrachtung nicht standhält. Aber sie sind nun mal da, flimmern uns aus dem Fernseher entgegen, aus den Magazinen, von den Werbeplakaten, wir tragen sie stets und ständig in unseren Smartphones mit uns herum. Denn gerade in der digitalen Welt, beispielsweise in den sozialen Netzwerken, laufen Menschen in punkto Selbstdarstellung und Selbstoptimierung regelrecht zur Höchstform auf. Dafür regnet es dann Aufmerksamkeit, Applaus, Anerkennung. Und Kommentare wie «Bella!», «Krass, wie sportlich du bist!», «Herzliche Gratulation zur bestandenen Prüfung!» oder «Ihr seid auf den Malediven? Wahnsinn!»

Als Patrick und ich uns über Selbstbewusstsein und Selbstwert unterhielten, meinte er: «Die ganze Selbstbewusstseinsindustrie setzt viel zu sehr auf den persönlichen ‹Außendienst›, also auf reine Äußerlichkeiten. Dabei wäre das doch eine klassische Innendienst-Aufgabe. Für mich hat Selbstbewusstsein jedenfalls nichts mit Leistung, Erfolg oder Aussehen zu tun, sondern damit, dass man sich selbst kennt, sich mit sich selbst auseinandersetzt, ein Bewusstsein darüber erlangt, wer man ist, was man kann, wo man an Grenzen stößt.» Und dass bei der aufrichtigen Auseinandersetzung mit sich selbst auch Unsicherheiten mitschwingen, versteht sich von selbst. «Es ist kaum anzunehmen, dass es überhaupt Menschen gibt, die nie an sich zweifeln.»

Die Zweifel sind also da. Uns einverleibt. Nur werden sie in unserer Gesellschaft oftmals so behandelt, als seien sie Fehler, die es um jeden Preis auszumerzen gilt. Dabei, so Patrick weiter, gehören sie doch unweigerlich zum Leben, dürfe man ruhig auch Freundschaft mit ihnen schließen.

Denke ich meinerseits über Selbstbewusstsein und Vertrauen nach, frage ich mich, wie viel wir hierbei tatsächlich selbst in der Hand haben. Sind Selbstbewusstsein und Vertrauen nicht etwas, das wir durch unser Elternhaus, unseren Freundeskreis, durch positive oder negative Erfahrungen erlangen? Schon häufiger ist mir nämlich aufgefallen, wie viele Selbstzweifel von Erwachsenen in ihrer Kindheit und / oder Jugend wurzeln. Dann erzählen Frauen und Männer mit fast kindlicher Stimme vom Vater, der nie Zeit hatte und einem nie das Gefühl gab, seinen Ansprüchen zu genügen, seinen Erwartungen gerecht zu werden. Oder von der Mutter, die mit ihrer gut gemeinten Fürsorge und viel

Ängstlichkeit dafür gesorgt hat, dass man noch immer kaum eigene Schritte wagt ... Natürlich, das sind Klischees. Es geht garantiert auch andersrum. Und manche Eltern schaffen es, ihren Kindern ein Grundvertrauen zu geben, ein gesundes Selbstbewusstsein, das den Sprösslingen hilft, einen eigenen Weg zu gehen, der ihrem Potenzial gerecht wird. Wenn dann Hindernisse auftauchen, quasi «on tour», haben sie das richtige Rüstzeug im Rucksack, um spielerisch und konstruktiv damit umzugehen.

Johann Wolfgang von Goethe schrieb: «Auch aus Steinen, die einem in den Weg gelegt werden, kann man Schönes bauen.» Es ist alles eine Frage der Einstellung und Betrachtungsweise. Wenn ich in einem Hindernis eine Sackgasse sehe, stehe ich tatsächlich vor unüberwindbaren Schwierigkeiten. Dann gibt es kein Dran-vorbei. Betrachte ich das Hindernis aber als Baumaterial, mit dem nur geschickt umzugehen ist, damit es weitergeht, wird mich keiner der Steine gänzlich ausbremsen.

«Die Wirklichkeit ist nur ein Teil des Möglichen», sagte der Schweizer Schriftsteller Friedrich Dürrenmatt. Anders formuliert: Die Wirklichkeit ist ein Herdentier. Wo und wann auch immer sie in Erscheinung tritt, dürfen Sie annehmen: Es gibt noch weitere neben ihr. Auch für Paul Watzlawick, österreichisch-US-amerikanischer Kommunikationswissenschaftler und Psychotherapeut, stand außer Frage, dass «der Glaube, dass die eigene Sicht der Wirklichkeit die Wirklichkeit schlechthin bedeute, eine gefährliche Wahnidee» ist.

Watzlawick wird zudem folgendes Zitat zugeschrieben: «Die Prophezeiung des Ereignisses führt zum Ereignis der Prophezeiung.» Womit wir bei der *self-fulfilling prophecy* wären. Sind Sie damit vertraut? Die sich selbst erfüllende Prophezeiung zeigt, welchen enormen Einfluss eine Erwartungshaltung auf die Wirklichkeit hat. Was jemand als wahr annimmt, erfüllt sich oftmals auch dann, wenn er sich im Grunde irrt und von falschen Annahmen ausgeht. Der US-amerikanische Soziologe Robert Merton beschrieb dieses Phänomen bereits 1948: Der Bankrott einer Bank wurde dadurch ausgelöst, dass aufgebrachte Kunden all ihre Einlagen von der Bank abhoben. Warum sie das getan haben? Nun, weil das Gerücht kursierte, dass die Bank zahlungsunfähig sei. Diese Prophezeiung entsprach zuerst nicht den Tatsachen – die Insolvenz wurde tatsächlich erst dadurch verursacht, dass die Kunden der Bank ihr Geld abhoben.

Ein anderes Beispiel finden wir in einer Studie der US-amerikanischen Psychologen Robert Rosenthal und Leonore Jacobson aus dem Jahr 1965. In ihr wurden die Auswirkungen von Lehrererwartungen auf die Schülerleistung untersucht. Die Forschungsarbeiten legen nahe, dass die Vorwegnahmen, die ein Lehrer in Bezug auf das Potenzial eines Schülers anstellt, eklatante Auswirkungen haben – und zwar auf die Leistungen und sogar auf die Intelligenz. Ganz konkret: Erwartet ein Lehrer von einem Kind große intellektuelle Fortschritte, so macht sich das beim Schüler bemerkbar. Und, ja, natürlich: Sie müssen diese Felduntersuchung nicht für bare Münze nehmen. Tatsächlich wurden Methodik und

Interpretation der Ergebnisse auch kritisiert – dennoch gilt die Erkenntnis von Rosenthal und Jacobson als wesentlicher Beitrag zur Erforschung von sogenannten Erwartungseffekten.

Ich halte es für sehr plausibel, dass unsere Erwartungen die Wirklichkeit mitkonstruieren. Versagensängste beispielsweise haben selten den Erfolg befeuert. «Die größten Probleme liegen da, wo wir sie suchen», wusste Goethe. Zahlreiche psychologische Untersuchungen haben jedoch gezeigt, dass man diese negativen Erwartungen neutralisieren kann. So stellt Optimismus eine Art geistige Form der Selbstverteidigung dar; er ist nicht nur dem eigenen seelischen Befinden zuträglich, sondern wirkt sogar zielführend. Das kam in der Coaching-Ausbildung, die ich absolvierte, immer wieder zum Tragen: Wer sich mit allen Sinnen in einen Zielzustand versetzen kann, wer in der Lage ist, sich effektiv vorzustellen, dort zu sein, wo er hinwill, hat durch die Imagination schon einen ersten, entscheidenden Schritt in die richtige Richtung getan.

Man könnte es so sehen: Unser Elternhaus, unsere frühen Erfahrungen, all die Menschen, die einen Einfluss auf uns haben, setzen uns eine Brille auf, durch die wir die Welt in einem bestimmten Licht betrachten. Aber wir sind auch unabhängig von Erziehung oder Umfeld geprägt, etwa von Voraussetzungen, Möglichkeiten und Beschränkungen, die wir geerbt haben, die in unserer DNA angelegt sind. Hinzu kommen bestimmte Gegebenheiten, etwa der Ort, an dem wir geboren wurden. Es ist nun mal nicht dasselbe, ob ich in einer gut situierten Familie im reichen Zürich das Licht der Welt erblicke oder in einer Gegend, die vom Krieg zerrüttet ist und in der die Menschen täglich um ihr Überleben kämpfen. In Zürich geboren zu sein und aufzuwachsen bedeutet jedoch noch lange nicht, dass man ein gesundes Selbstbewusstsein und Vertrauen hat. Genauso wenig, wie die Geburt an einem schwer belasteten Ort kein Selbstbewusstsein zulässt – bei einigen ist bestimmt gerade das Gegenteil der Fall.

Was sich aber mit Sicherheit festhalten lässt: Das alles spielt irgendwie mit, wirkt auf uns ein. Wir starten mit einem Gesamtpaket, auf das wir, wenigstens zu Beginn, kaum Einfluss haben. Für viele Verhaltens- und Denkweisen, die wir unser Eigen nennen, gibt es Gründe. Ich persönlich habe das Gefühl, dass vieles von mir als «Reflex» entstanden ist, als Resultat von einem fortwährenden Reagieren auf Umstände. Doch je mehr ich mir all dieser Gedanken bewusst werde, umso eher kann ich daran mitwirken, dass ich nicht mehr einfach nur automatisch reagiere, sondern mitentscheide, wie ich denke und handle.

Der österreichische Neurologe und Psychiater Viktor E. Frankl, Begründer der Logotherapie und Existenzanalyse, formulierte einmal den berühmt gewordenen Satz: «Zwischen Reiz und Reaktion gibt es einen Raum. In diesem Raum haben wir die Freiheit und die Macht, unsere Reaktion zu wählen. In unserer Reaktion liegen unser Wachstum und unsere Freiheit.» Ich weiß nicht, wie es Ihnen mit diesem Zitat geht, aber ich finde, diese Worte wirken wie ein wohltuender, erfrischender Regen an einem heißen Sommertag. Für Frankl ist der Mensch ein Wesen, das immer selbst entscheidet. Selbst darüber entscheidet, was er im nächsten Augenblick sein will. «Diese Freiheit», sagte er, «hat man nicht wie irgendetwas, das man verlieren kann – diese Freiheit ist man selber.»

LOST

Ich habe meine Identität verloren. Mit dem Verlust des Arbeitsplatzes fing es an. Das war im Jahr 1990. Natürlich habe ich damals noch geglaubt, mit meinen beiden abgeschlossenen Studien eine Chance zu haben und schnell wieder eine meiner Ausbildung entsprechende Arbeit zu finden. Aber das war nicht so. Also habe ich mich mit ausbildungsfremder Arbeit über fünfzehn Jahre durchgeschlagen. Heute will mein Arbeitsvermittler mich zwingen, Putzjobs zum Mindestlohn anzunehmen, da seiner Meinung nach meine Ausbildungen nichts mehr wert wären. Und Geld vom Amt für eine Anpassungsausbildung gibt es nicht, da ich zu alt bin. (Anfang 1990 war ich zu jung! Ich frage mich, wann ich wohl im richtigen Alter war.) Mittlerweile habe ich keinen Mut mehr, nach weit über fünfhundert Bewerbungen. Ich schreibe zwar weiter, aber es kommen immer nur die «freundlichen Zukunftswünsche» zurück.

w, 50+

FOUND

Nach meiner Scheidung 2009 und der Loslösung von meinem Exmann, seinen Gedanken, seinen Erwartungen und Anforderungen sowie seinen Eingrenzungen und seinem ständigen Infragestellen meiner Person, habe ich mein Bauchgefühl wiedergefunden. Ich habe meine innere Stimme endlich wieder wahr- und ernst genommen. Nicht mehr verdrängt, in Frage gestellt oder, schlimmer noch: ignoriert. Das fühlt sich so gut an – wieder eins zu sein mit mir selbst und meinen Empfindungen. Seitdem vertraue ich wieder auf meine Intuition und die Kraft meiner Stärke. Immer!

w, 40+

FOUND

Dank einer neuen Beziehung habe ich Bereitschaft und Fähigkeit gefunden, Angst und Ekel vor der eigenen Sexualität abzulegen. Was mir früher höchstens als geduldet erschien, empfinde ich jetzt als begehrt; was mir als zwar angeborenes und also natürliches, aber dennoch bis zur Anmaßung lästiges Verlangen galt, sehe ich heute als Kraft, die zu mir gehört und zu mir gehören darf, die schöne und enttäuschende Erfahrungen gleichermaßen mit sich bringt und über die gesprochen werden will, gesprochen werden soll. All diese Veränderungen ermöglichen es mir, Sexualität und Nähe und Vertrauen, die aus ihr erwachsen, als bereichernden Genuss zu empfinden, und nehmen ihr gleichzeitig die beängstigende Bedeutsamkeit, mit der sie mich als nicht willkommene, doch unkontrollierbare Macht einst vereinnahmt hatte.

m, 20+

LOST

Ich habe die Angst vor dem Keller verloren. Ich habe mich immer etwas gefürchtet, also vor der Dunkelheit da unten. Vor den Schatten. Das war immer so gruselig. Aber letztes Jahr bin ich dann zusammen mit einer guten Freundin von mir in den Keller runter. Wir haben schöne Kissen und Decken mitgenommen, fast das ganze Bett, und unsere Funkgeräte! Und dann haben wir es uns sehr gemütlich gemacht. Wir haben Spiele gespielt, Wahrheit oder Risiko. Und wir haben uns Witze erzählt und das Licht immer wieder eingeschaltet und ausgeschaltet, eingeschaltet und ausgeschaltet ... Das war schön und sehr lustig. Jetzt ist der Keller ein guter Ort; und wenn mich meine Mutter darum bittet, Tomatensauce aus dem Keller zu holen, mache ich das. Da ist sie sehr froh drum.

w, 10–

FOUND

Ich habe einen eigenen, verlorenen und mündlich bereits gemeldeten und plötzlich sehr vermissten Anteil meines Wesens wiedergefunden: Trauer. Sie gehört zu mir, wie mein Optimismus, meine Fröhlichkeit, mein Gleichmut, mein Gerechtigkeitssinn, mein Ärger. Wo meine frühere Fähigkeit zur Wut hingekommen ist, weiß ich im Moment nicht, aber ich glaube, sie ist nur verlegt und wird wieder zum Vorschein kommen. Darum verzichte ich auf eine Meldung. Sie wollen wissen, wo ich die Trauer gefunden habe? Das war am Freitagabend, ca. um 22 Uhr und inmitten einer Menge von über achtzig Menschen, die zu meiner Vernissage gekommen sind.

m, 80+

LOST

Ich bin seit geraumer Zeit auf der Suche nach meiner Gelassenheit. Sie hat es mir stets ermöglicht, meine Sorgen und meinen Stress in Humor zu verwandeln, deshalb schmerzt mich dieser Verlust besonders. Wann und wo ich sie verloren habe? Nun, das weiß ich nicht. Ich glaube, meine Gelassenheit hatte vorübergehend einfach eine zu große Rolle in meinem Leben eingenommen, und so war ich zu relaxed, um zu bemerken, dass ich sie schon bald aus den Augen verlieren würde. Und jetzt, wo es zu spät und sie weg ist, weiß ich sie auch wieder viel mehr zu schätzen – was sie alles für mich getan hat, wie sie immer zu mir stand und dass sie für mich da war, als ich sie am dringendsten gebraucht habe. Ich bin allerdings zuversichtlich, dass sie sich bald wieder zeigt.

m, 20+

LOST

Verloren habe ich den Glauben daran, dass es besser ist, eine passende Erwerbsarbeit zu haben, als arbeitslos zu sein. Nach dem Studium dachte ich, dass das Schlimmste, was mir passieren könnte (in gesellschaftlicher Sicht), eine lange Arbeitslosigkeit ist. Jetzt habe ich seit knapp zwei Jahren eine interessante Tätigkeit, die mich fordert. Doch mir ist klar geworden, dass es etwas Schlimmeres für mich gibt als Arbeitslosigkeit: sich selbst zu verlieren.

w, 20+

LOST

Ich habe meinen jugendlichen Leichtsinn verloren. Es muss schon länger her sein. Wahrscheinlich ist er mir bei der Geburt meiner Kinder abhanden gekommen. Oder er hat sich von selbst verabschiedet, denn ich habe auf meinen Leichtsinn nicht mehr geachtet. Ich mach mir keine Sorgen, dass es ihm schlechtgeht, da er nicht dumm ist, sondern einfach hin und wieder gute und witzige Ideen hat. Und gerade diese machten mein Leben so einzigartig. Sollte ihn jemand gesehen haben, bitte bei mir melden. Danke!

w, 40+

FOUND

Ich habe meine Wut wiedergefunden, die mir vor einigen Jahren abhandenkam. Sie war eine lebenslange

Begleiterin, Vertraute und Antreiberin. Aber ich musste sie verstecken, weil Wut nicht als Attribut zu einem weiblichen Wesen passt. Also trieb sie ihr Unwesen in mir. Erst als ich mit dem Praktizieren von Kampfkunst begann, fand sie einen anerkannten Ausdruck. Irgendwann war sie mit all dem Schlagen und Treten aus mir herausgeschmettert, und ich hatte keine Lust mehr auf Kampf. Der Funke schien aber noch da zu sein und auf kleinem Flämmchen zu zündeln, denn eine Woche lang wäre ich gerne laut schreiend auf meinem Fahrrad durch die Stadt gefahren. Stattdessen habe ich mich selbst vor dem Spiegel für die besten Raubtiergrimassen prämiert. Lange Zeit wollte ich meine Wut loswerden, aber jetzt bin ich froh, sie wieder an meiner Seite zu wissen. Ich habe sie vermisst.

w, 50 +

FOUND

Die Achtung. Sie war so lange mit Füßen getreten und angeschrien worden, dass ich sie schon verloren glaubte. Doch dann entschloss ich mich, meine Selbstachtung ganz festzuhalten und stattdessen die Achtung vor meiner Chefin zu verlieren. Sie ist wunderschön. Nicht die Chefin, die Selbstachtung! Ich spazierte mit ihr wie frisch verliebt zu einem neuen Job. Auch dieser Job ist schön. Bringt noch weniger Geld als der letzte, aber wesentlich mehr Freude.

m, 60+

LOST

Grüezi! Ich habe mein Gespür für soziale Konventionen verloren – irgendwann in den letzten Monaten. Seitdem geht es mir viel besser und es lebt sich (meistens) unbeschwerter. Frei nach dem Motto: «Ist der Ruf erst ruiniert ...» Sie kennen ja den Rest. Falls Sie es finden sollten, bitte ich Sie, es jemandem zu geben, der auf gesellschaftliche Integration angewiesen ist oder sein Selbstwertgefühl vom Wohle anderer abhängig macht. Ich brauche es definitiv nicht mehr. Besten Dank und unkonventionelle Grüße.

m, 30+

LOST

Ich habe mich selbst verloren.
Mein Selbst war ein starkes, lustiges, direktes, neugieriges, flirtendes, stets gut gelauntes Wesen, das ähnlich wie ein rosafarbener Gummiball von Ort zu Ort sprang und gute Laune und Fröhlichkeit verbreitete. Nie krank, immer freundlich, aber mit einem geschützten Selbstwertgefühl. Etwas vorlaut, manchmal auch wütend oder sogar kurz etwas jähzornig, aber alles in Maßen und nur zum Selbstschutz oder zur Verteidigung gegen alle Arten von Ungerechtigkeit.

w, 30+

LOST

Verloren gegangen. Immer gesucht. Nie gefunden. Nicht auffindbar.

Zeit:
Vor fünfundfünfzig Jahren im Sommer des Jahres 1962.
Ereignis:
Während eines regulären Betriebsablaufs ereignete sich ein Unfall. Aus einer Zusammenkunft eines Mannes und einer Frau wurde zwei Monate vor der eigentlichen Reifezeit, die normal im Schnitt neun Monate beträgt, das hier beschriebene Gesuchte fertiggestellt. Und zum Überleben bereitgestellt.
Ort:
Im Universum, auf einem Planeten, in Europa, im Westen von Deutschland, in einem weiß gekachelten Kreißsaal, aufbewahrt in einer beheizten Plastikbox mit künstlicher Nahrung.
Was:
Ich mich selbst. Mein ich. Meine Affekte und Emotionen. Meinen Wert. Meine Einheit von Geist-Gefühle-Mensch. Alles das war nie da oder ging verloren.

m, 50+

LOST

Meine Angst davor, nicht gut genug zu sein. Nicht gut genug für den Job, den ich mache. Immer mit der Angst, es würde sich irgendwann zeigen, dass ich nur bluffe, ein Hochstapler bin, ein armseliger noch dazu. Nicht gut genug für die Frauen, mit denen ich zusammen sein wollte: Ihre Wünsche waren immer wichtig, meine traute ich mich kaum zu äußern, aus Angst, abgewiesen zu werden.

m, 50+

LOST

Ich habe zu Beginn dieser Woche meine Ruhe verloren, im Geschäft – und das, obwohl ich doch eigentlich dieses Jahr geschmeidig anfangen wollte ... Wenn ich ruhig bin, dann breitet sich dieses Gefühl von der Brust in den Bauchraum aus, und alles ist gut. Im Geschäft kommen nun schon wieder so viele Probleme auf mich zu, ich sehe eine Tsunamiwelle. Die immer größer wird. Mich jetzt dann bald mitreißt. Ich versuche zu surfen, paddle ein bisschen, versuche aufzustehen – und dann schau ich mal, wie weit sie mich trägt.

m, 30+

LOST

Meine Lebensfreude. Sie war immer da. Ich konnte auch in kleinen Dingen immer etwas Schönes sehen, es gab viele Situationen, in denen ich bemerkte, dass ich lächelte, ohne zu wissen, warum. Mir ging es gut, ich lebte leicht. Aber nun stehe ich morgens launig auf und bleibe tagsüber betrübt.

w, 40+

LOST

Früher war ich aktiv und inspiriert: Ich habe entdeckt und entwickelt, Neues erfunden, mich engagiert, auch Freiwilligenarbeit gemacht. Da gab es einen direkten Zugang zu dem, was in mir steckt: Diese Kreativität habe ich verloren. Vielleicht ist sie noch immer da, das wäre schön, aber ich komme einfach nicht mehr an sie ran.

w, 40+

LOST

Ich habe meinen Stolz verloren. Er war nicht besonders groß, aber durchaus brauchbar. Jetzt ist er mir in der letzten Kurve des Berufslebens abgerissen. Nur ein Fetzen davon hängt noch an mir. Der Rest muss irgendwo neben dem Gleis liegen. Ich gebe die Hoffnung nicht auf, dass er wieder nachwächst. Vielleicht an einem neuen Arbeitsplatz.

m, 60+

LOST

Ich habe heute meine Geduld und meine Beherrschung verloren. Vor ein paar Stunden. Meine Kinder haben gestritten, gestritten, gestritten. Und dann haben sie sich geschlagen. Und dann haben sie geweint. Da ist mir der Geduldsfaden gerissen. Ich wurde wütend! Laut! Manchmal habe ich einfach genug! Und dann haben die Kinder natürlich noch mehr geweint. Am

Schluss haben wir uns alle umarmt. Mit roten Augen. Wir hatten alle rot verheulte Augen.

w, 30+

LOST

Ich habe in diesem ganzen Medienandrang meinen Blick für mich als eigenständige Person verloren! Wo bin ich? Auf Facebook ... Instagram ... Twitter? Oder am Mittagstisch mit meinen Allerliebsten?

w, 30+

LOST

Mein Bild von mir selbst als einem angenehmen Mitmenschen habe ich verloren. Wahrscheinlich lebt es sich am leichtesten, wenn ich jegliches Selbstbild verliere. «Du sollst dir kein Bildnis machen.» In Wirklichkeit bin ich nichts von alledem, was ich selbst oder andere von mir denken. In Wirklichkeit bin ich alles, was es gibt – all inclusive.

w, 60+

LOST

Die Freude an der Farbe Orange, die habe ich verloren. Als junge Frau mochte ich sie. Sehr sogar. Ich trug auch orangefarbene Kleider. Heute geht das nicht mehr. Nein, das wäre schrecklich. Dabei finde ich die Farbe an sich nicht unschön – sie strahlt Freude aus, auch eine gewisse Schärfe. Verstehen Sie, was ich meine?

Deshalb fände ich es schön, wenn ich meine Freude wiederbekäme. Es würde mein Leben wieder bunter machen, knalliger.

w, 40+

LOST

Den Antrieb und den Mut, große Visionen und Ziele umzusetzen. Ich möchte wieder einmal ins kalte Wasser springen, ungeachtet dessen, was die anderen denken. Oder ich befürchte, was sie denken könnten: dass ich unrealistisch, phantastisch, utopisch denke.

m, 30+

LOST

Meine Orientierung. Es klingt blöd, dennoch bin ich überfordert mit meinen vielen, meinen zu vielen Möglichkeiten. Manchmal wünschte ich, mein Vater würde mir ein Berufsbild aufzwingen und mir vorschreiben, wie ich zu leben habe, nur um dann etwas anderes zu machen, rebellieren zu können und mich doch wieder in die Orientierungslosigkeit zu stürzen.

w, 20–

LOST

Ich habe die optimistische, beschwingte Vision meiner selbst verloren, dieses Ich, das aktiv etwas in eine Gesellschaft reintragen kann, beisteuern, die die Welt zu einem Ort voller Lebensfreude macht. Und ich finde das, ehrlich gesagt, total doof. Aber nach etlichen Malen gegen die Wand rennen bin ich momentan verzagt, zurückhaltend und finde gerade nicht raus aus diesem Gefühl und dieser Sperre. Hoffnung gibt mir, von den Menschen zu lesen, die so viel Neues, Gutes voranbringen. Nur ... Ich frage mich, ist das eine Minderheit? In meinem direkten Lebensumfeld finde ich diesen Spirit nicht.

w, 40+

LOST

Mein tiefstes, inneres Lachen. Zeit und Veränderungen haben sich wie ein dicker, schwerer Teppich darübergelegt. Manchmal schaue ich in den Himmel und suche es. In einer Wolke, die vorbeizieht. Einem Sonnenstrahl, der sich in einem Wassertropfen spiegelt. Ich spüre, dass es in meiner Nähe ist. Aber ich finde es nicht.

m, 20+

LOST

Die Erinnerung an die vierte Staffel von *The Walking Dead*. Und als ich dachte, ich müsste mich nicht mehr mit der Serie befassen, wurde sie erneut Gesprächsthema. Also habe ich gesucht, aber: Nur kleine Erinnerungsfetzen sind hängen geblieben – Bilder von Beth und Daryl, die sich in einem Haus betrinken. Lasst den Rest nicht als untote Erinnerung wiederkehren, bitte!

m, 20+

LOST

Ich wollte so wenig besitzen, dass ich nichts mehr zu verlieren habe. An mein inneres Lachen hatte ich da nicht gedacht, das ist jetzt weg. Und ich mag es wiederhaben!

w, 30+

LOST

Ich habe den Glauben daran verloren, dass ich keine Menschen malen kann. Schon als Kind wollte ich immer Menschen malen, aber ich habe es nie hingekriegt, habe dann Landschaften gemalt, Blumen und alles Mögliche, aber eben keine Menschen, das war unerreichbar; ich malte jeweils nur so Strichmännchen. Ich hatte im Kunstunterricht im direkten Vergleich mit den anderen immer das Gefühl, dass ich einfach schlechter male, und ich habe mich dann nimmer getraut, es wieder zu versuchen. Den Glauben daran, dass ich das eben nicht kann, habe ich nun verloren – und dort, wo früher nur dieses «Kann ich nicht» war, wächst jetzt neues Selbstbewusstsein. Ich kann es und traue es mir zu und weiß, dass ich es mit mehr Übung noch besser machen werde ... Und ich liebe es, das zu malen, was ich schon immer malen wollte.

w, 30+

LOST

Habe meine innere Ruhe verloren. Sie ist schon jahrelang weg und kommt nicht mal mehr am Sonntagmorgen, wenn man nicht aufstehen müsste und auch sonst nichts vorhätte. Der Verlust bringt ständiges Herzklopfen mit sich und immer dieses viele Adrenalin, als ob man gerade vor einem Tiger auf der Flucht ist. Bringt ebenso mit sich Schlafstörungen und nächtelanges Grübeln. Dafür ist das Konto voll und im Leben nach außen hin alles perfekt und für andere beneidenswert ...

w, 40+

LOST

Meine Maske. Könnt ihr sie bitte behalten? Es lebt sich schöner ohne sie.

m, 20+

LOST

Ich habe die Fähigkeit verloren, die unangenehmen Dinge aus meiner Vergangenheit ruhen zu lassen oder zu vergessen. Das türmt sich nun Jahr für Jahr auf und wächst zu einem riesigen Berg an.
Wer sucht meine Geschichten und möchte sie mir abnehmen?

w, 60+

LOST

Ich selber habe nichts verloren, aber die jungen Männer. Denen fehlt die Vernunft!

w, 10+

LOST

Ich habe meine Heimat Südvietnam vor mehr als vierzig Jahren leider verloren! Seitdem irre ich auf der Suche nach ihr herum, hilflos. Es bleibt mir nur die Erinnerung.

m, 60+

LOST

Ich habe meine Kreativität verloren. Diese Lust und Fähigkeit, mich zum Ausdruck zu bringen – und mich mit Schaffensdrang einzusetzen. Früher habe ich eine Menge Freiwilligenarbeit gemacht. Ich war inspiriert, motiviert, ich konnte so viel tun und so viel bewegen, wie ich fand, dem Leben auf die Sprünge helfen. Ich hatte einen Zugang zu dem, was in mir steckt und ausgelebt sein will. Nun ist dieser Zugang zugemauert, verloren.

w, 40+

LOST

Ich hatte Angst vor einem Drachen, die ist jetzt weg. Der Drachen gehört in eine Geschichte: *Die Brüder Löwenherz*. Es wird gekämpft, und ich habe mich immer gefürchtet, wenn wir uns die Geschichte zu Hause angehört haben. Dann habe ich aufgehört, die Geschichte zu hören. Denn wenn ich mir die Geschichte nicht anhöre, ist auch der Drache nicht da. Und wenn der Drache nicht da ist, ist die Angst nicht da. Das ist ein Trick.

m, 10–

LOST

Nach einem arbeitsreichen Leben mit einer Ehe, einem Einfamilienhausbau, drei Kindern, einem Berufswechsel und einer Scheidung habe ich vor einem Jahr meine innere Ruhe gefunden. Ich bin pensioniert, alkoholfrei, rauchfrei, stressfrei, autofrei, sorgenfrei. Rundum frei. Einen Teil meiner Ruhe und meiner Freiheit könnte ich abgeben. Gegen ein Lächeln im Zug oder so ähnlich.

m, 60+

LOST

Meine Unbeschwertheit. Die habe ich letzten Herbst verloren, irgendwo da draußen ... Es gab Zeiten, da ging ich mit einer Leichtigkeit durchs Leben. Nicht, dass mir damals nicht bewusst war, was alles auf der Welt geschieht. Nicht, dass ich nicht vor schwierige Entscheidungen gestellt wurde. Nicht, dass es keine schweren Momente gab. Aber ich ging trotzdem immer mit Witz und Leichtigkeit durch den Alltag.

w, 20+

LOST

Ich habe das Vertrauen verloren, dass alles gut wird. Ich habe den Fokus verloren – den Fokus auf ein Ziel. Denn wenn man eine klare Zielsetzung hat, kann man vielleicht auch wieder vertrauen. Oder nicht? Ich möchte vertrauen können, ganz unbedingt, in mich und darauf, dass ich Ziele finden und erreichen kann.

w, 20+

FOUND

Ich habe eine Weiche gefunden und das Selbstbewusstsein und Vertrauen, auch tatsächlich abzubiegen nach einer Halbzeit in meinem Leben. Der Weg ist leichter, als man denkt. Viel Zuspruch, viel Verständnis, kaum Unverständnis, denn man sieht mir an (ich sehe es mir an), dass es mich sein lässt, wie ich bin. Schon das allein tut gut. Was es besonders macht, sind die Menschen, die meinen Pfad kreuzen, meine Freude teilen, meine Zufriedenheit verstehen, durch bloße Anwesenheit Bereicherung sind.

w, 40+

LOST

Ich habe das Gefühl verloren, wie es sich anfühlt, etwas zu fühlen. Ich habe damit einen großen Teil von mir verloren. Ich bin überall im Außen, bei der Arbeit, bei dem Geschehen um mich herum, bei dem Essen, welches vor mir auf dem Teller liegt. Ich rieche, schmecke, höre und fühle nur das Offensichtliche oder Materielle. Verloren ist das Gefühl für meinen Körper, verloren ist das Gefühl für das, was mir guttut und Freude bereitet. Der Verstand lenkt mich. Wo ist das Gefühl, das man im Bauch braucht für eine stimmige Entscheidung? Wo ist das Gefühl der Verbundenheit mit Menschen? Wo ist das gute Gefühl für mich selbst?

w, 30+

Und jetzt sind Sie dran: Welche Lost- oder Found-Meldung zum Themenbereich «Selbstbewusstsein, Vertrauen und Wert» würden Sie hier gerne platzieren? Beschreiben Sie es: Was haben Sie gefunden, was verloren? Und wo und wann ist das passiert?

SPIRITUALITÄT, GLAUBE, ÜBERZEUGUNG

Guten Tag, haben Sie meinen Glauben an das Gute im Menschen gefunden?

Glaube denen, die die Wahrheit suchen, und zweifle an denen, die sie gefunden haben.

ANDRÉ GIDE

Spiritualität, Glaube und Überzeugung: drei Wörter, die für die Suche und verlorene oder geglaubte Sicherheit stehen, für innere Welten, Ahnungen, Sinn, Erklärungen, Erfahrungen

Als Teenager war ich felsenfest überzeugt. Davon, dass ich in meinem Leben etwas ganz Konkretes, Gehaltvolles zu leisten habe. Dass ich aus diesem Grund hier bin, hier auf Erden. Ich erinnere mich: Diese fixe Vorstellung hat mein neunzehnjähriges Ich bei einem turbulenten Flug von Kathmandu nach Pokhara davor bewahrt, richtig Schiss zu kriegen. «Möge der Himalaya da vor dem Fenster nur wild auf- und abtanzen, das macht nichts», sagte ich mir. Denn: abstürzen? Einfach sterben? Jetzt? Unmöglich! Mein Leben wäre verschwendet gewesen, wie ich fand. Ich musste noch etwas tun, irgendetwas Großes, Wichtiges, um mir meine Existenz überhaupt verdient zu haben. Was genau das war, wusste ich nicht, aber ich wusste, dass da was war!

Heute ziehe ich diese Überzeugung in Zweifel. Es wäre doch auch möglich, dass mir mein Leben einfach geschenkt wurde. Und dass ich es so oder so «verdient» habe. Dass also wesentliche Werke und eine hehre Mission einem Dasein zusätzlichen Sinn geben, das Selbst und die Mitwelt bereichern, aber letztlich keine Pflicht sind, keine Bedingung, sondern die Kür eines Menschen.

Warum sind Sie hier? Glauben Sie? An was glauben Sie? An Gott? An Allah? An die Kraft der Natur? An Elfen und Zwerge? Weiße und schwarze Magie? An Karma, Reinkarnation? An den Zufall? An gar nichts? «Zu glauben ist schwer», schrieb der französische Schriftsteller Victor Hugo, «nichts zu glauben unmöglich.» Sogar ein Atheist «glaubt» – jedenfalls in dem Sinne, dass er irgendetwas für wahr hält, ein Weltbild hat, von dem er denkt, dass es stimmt. Und die Agnostiker? Nun, die sagen zwar: «Ich weiß nicht, ob es einen Gott gibt oder nicht.» Aber ihre Überzeugung ist im Grunde die, dass man es einfach nicht wissen kann. «Ich weiß, dass ich nichts weiß.» Ist das nicht auch eine Form von Glaube?

Die wenigsten fühlen sich wohl im großen Unwissen, die meisten von uns suchen nach Antworten und wollen herausfinden, warum wir hier sind, was das alles soll: dieses Dasein. Dieses Leben. Und zum Warum kommt das Woher, auch das Wohin hinzu. Warum, woher, wohin – das sind jene Grundfragen, die sich Menschen seit jeher stellen. Sie sind die Wirbelsäule einer jeden Religion: eine Art zentrale Struktur, um die sich alles dreht. Und während früher weitgehend die Herkunft vorgab, an was man zu glauben hatte, sieht sich der moderne Mensch mit einem beeindruckenden «religiösen Markt» konfrontiert. Die Vielfalt und ortsunabhängige Zugänglichkeit geistlicher Angebote hat dazu geführt, dass die Kirchenzugehörigkeit, aber auch Spiritualität an sich, zum Gegenstand der persönlichen Wahl geworden sind.

Als ich Patrick bei einem unserer Gespräche fragte, an was er glaube, meinte er: «Ich bin eher Naturalist oder Darwinist.» Für ihn sei die Entwicklung des Lebens ein mehrheitlich zielloser Prozess mit zufälligen Veränderungen des Erbguts und anschließender Auslese durch die Natur. So einfach. Ich mag seinen Pragmatismus, aber ich bohrte weiter: «Wie bist du aufgewachsen? Hast du als kleiner Junge an Gott geglaubt?» – «Höchstens auf eine kindliche Art», sagte er. «Aber ich bin weitgehend religionsfrei groß geworden.» – «Und heute? Fehlt dir etwas?» Da musste er kurz nachdenken. «Ich gebe zu, dass ich Menschen beneide, die das können: jene ‹Wahrheiten› annehmen, die religiöse Institutionen zu bieten haben. In der Not wäre es sicher nicht schlecht, den lieben Gott als Backup zu haben.» Er habe selbst schon schwierige Situationen erlebt, in denen er froh gewesen wäre, Stoßgebete gen Himmel schicken zu können. «Da habe ich auf ein Zeichen gehofft, auf irgendetwas, das es mir möglich macht, zu glauben. Aber dieses Irgendetwas kam nicht, und irgendwie ging's dann doch weiter.»

Meine Mutter stammt aus der Zentralschweiz und ist katholisch, hat aber während ihrer Jugend derart schlechte Erfahrungen gemacht mit katholischen Nonnen, dass sie ihre Glaubenszugehörigkeit nicht an mich und meinen Bruder weitergeben wollte. Also wurde ich reformiert getauft – wie mein Vater. Ich bin bis heute nicht aus der Kirche ausgetreten, auch wenn ich weit davon entfernt bin, mich mit der Institution tatsächlich zu identifizieren oder all das zu glauben, was sie predigt. Geschweige denn, alles gutzuheißen, was in Gottes Namen initiiert wurde und wird. Aber ich möchte jene Aktivitäten und Angebote unterstützen, die Kirchen im seelsorgerischen, sozialen Bereich leisten und bieten. Entsprechend hat es mich gefreut, dass einige Mitarbeiter von kirchlichen Institutionen auf uns aufmerksam wurden, ihre Sympathie dem Fundbüro-Projekt gegenüber zum Ausdruck brachten und es in verschiedenen christlichen Publikationen und Sendungen aufgegriffen wurde. Patrick hatte da Widerstände gehabt, jedenfalls zu Beginn. Im Laufe der Zeit bekam seine Mauer dann ein paar Risse, denn er sah bestätigt, was er schon bei seiner Arbeit erlebt hatte: Es gibt tolle Frauen und Männer, die sich im Namen einer Kirche engagieren und sich dafür interessieren, wie es ihren Mitmenschen geht, etwas für die Gemeinschaft tun wollen.

Und der liebe Gott? Nun, im Grunde gefällt mir jene Vorstellung, die John Lennon vertrat: «Ich glaube an Gott, aber nicht als ein Ding, nicht als einen alten Mann im Himmel. Ich glaube, das, was Menschen Gott nennen, ist etwas in uns allen.» Auch im Brief des Paulus an die Korinther steht: «Wisst ihr nicht, dass ihr Gottes Tempel seid und der Geist Gottes in euch wohnt?» (1 Kor 3,16). Damit kann ich mich anfreunden. Aber ich gehe gedanklich noch einen Schritt weiter.

Was ich glaube, lässt sich mit einer Serviette verdeutlichen. Haben Sie zufällig eine zur Hand? Ein Taschentuch tut es auch, aber es sollte aus Papier sein. Nehmen Sie diese Serviette, dieses Taschentuch (von mir aus auch ein Blatt Toilettenpapier) und bohren Sie fünf Löcher in den «Stoff». Stecken Sie Ihre Finger durch die Löcher. Und dann stellen Sie sich vor, dass diese fünf Finger Menschen sind oder andere Lebewesen auf dieser Erde. Vielleicht ist der Daumen Ihre Lieblingsbirke am Stadtrand, der Zeigefinger der zottelige Hund Ihres Nachbarn, der Mittelfinger die Kioskfrau, bei der Sie sonntags die Zeitung holen. Auf alle Fälle scheinen die «Dinge» beziehungsweise Pflanzen, Tiere und Menschen voneinander getrennt zu sein. Tatsächlich sieht man ja nicht, was sich «unter der (Papier-)Decke» abspielt: dass da eine Handfläche alle Finger zusammenhält, also ein jeder Finger Teil eines größeren Ganzen ist und mit allen anderen verbunden.

Verstehen Sie, was ich meine? Hätten wir alle dieses Bild des großen Ganzen im Kopf, würden wir den anderen «Fingern» bestimmt auch freundlicher gegenübertreten, ihnen weniger Leid zuführen. Und ja, ich kann die Freude an dieser Idee verlieren, wenn ich mir vorstelle, der Daumen zu sein, während der Mittelfinger Donald Trump ist, der Zeigefinger Kim Jong-un …

Dieses Bild ist nicht ganz leicht zu ertragen. Oder wie sehen Sie das? Vielleicht müssen Sie bei ihm laut lachen. Das wäre schön. Sollten Sie aber bei der Vorstellung, mit diesen oder anderen Menschen «eins» zu sein, irritiert den Kopf schütteln, hilft womöglich die Philosophie des Kaschmir-Shivaismus. Sie ist mir im Rahmen meiner Ausbildung zur Yogalehrerin begegnet und war mir auf Anhieb sympathisch. In ihrem Kern besagt sie, dass wir alle Teil einer kosmischen, kreativen Energie sind, die sich selbst erleben möchte, in möglichst vielen verschiedenen Ausprägungen –

eben auch in ihrer ganzen Verrücktheit, im ganzen Wahn- und Irrsinn.

Die tantrische Philosophie, auf der der Kaschmir-Shivaismus basiert, ist auch deshalb eine Erwähnung wert, weil sie nicht das Leid im Leben, sondern die Freude, die Ausgelassenheit und Vollendung betont. Nach dieser Sicht ist die Erde grundsätzlich «ein schöner Ort. Hier kann ich mich entdecken, ich kann wachsen, ich kann mich weiten», erklärte einmal der frühere Mönch und Gelehrte Jenindra Jain in einem Interview. Jain bezieht sich im Verlauf des Gesprächs auf Abhinavagupta, einen der größten indischen Philosophen, der ungefähr im Jahr 950 geboren wurde und nicht nur als brillanter Gelehrter gilt, sondern auch als «Gipfel der Entwicklung im Kaschmir-Shivaismus». Ihm zufolge liegt letztlich sogar dem Schmerz und dem Leid eine kreative Freude zugrunde, eine Energie, die eben aus einer fast schon kindlichen Neugierde heraus alles erleben will, was es zu erleben gibt.

LOST

Ich habe meinen Glauben an das Gute im Menschen verloren. Jeder schaut nur noch nach sich, wie es anderen geht, wird ignoriert. Das fängt im Kleinen an: damit, dass der Nachbar ständig seine Frau anbrüllt und ausfallend wird, wenn man ihn darum bittet, leiser zu sein. Und es endet im Großen: damit, dass vielen die eigene Familie egal ist – und wenn man sich dann um Großeltern etc. kümmert, wird man sofort als Erbschleicher abgestempelt. Sollte jemand meinen Glauben an die Menschheit gefunden haben, bitte dringend melden. Er erhält dafür meinen Dank. Und apropos Dank – auch das ist etwas, was heutzutage häppchenweise verloren geht.

w, 30+

FOUND

Gefunden habe ich die Kraft des Gebens. Erfordert dauerndes Üben. Geht nicht sonderlich schnell voran, aber gerade das ist das Besondere daran.

m, 60+

LOST

Ich habe meine INNERE ZUVERSICHT verloren. Vielleicht hat sie jemand herausgeschält und aufgegessen, aber ich hoffe, sie taucht irgendwo wieder auf, irgendwann. Ohne sie fällt mir das Tanzen nämlich sehr schwer, und beim Zeichnen bleibe ich immer wieder stecken – nach Inspiration zu suchen, lohnt so nicht.

w, 20+

LOST

Verloren habe ich die Hoffnung. Lange Zeit habe ich daran geglaubt, dass alles wieder gut wird. Dass Menschen, die einen verlassen, wieder zurückkommen, negative Ereignisse sich in Positives verwandeln;

ich habe gehofft, dass die richtigen Menschen immer bei einem bleiben werden. Habe gehofft, dass Dinge, die sehr schmerzen, irgendwann einfach aufhören wehzutun – aber das ist nicht so. Es gibt Erlebnisse, die hinterlassen Narben auf dem Herzen. Narben, die nie ganz verschwinden. Ich habe so oft gehofft – und wurde so oft enttäuscht …

w, 20+

LOST

Ich bin gerade dabei, meine Zuversicht zu verlieren. Mein Mann ist an Krebs erkrankt, und wir wissen nicht, wie die Geschichte endet. Es kommen immer neue Hiobsbotschaften. Wir haben zwei kleine Kinder. Sie sind doch noch so unschuldig. Ich habe Angst, dass sie ihren Papa verlieren und ich meinen Mann, den ich so sehr liebe. Ich brauche wieder Zuversicht, damit ich Kraft schöpfen und für meine Kinder eine gute Mama sein kann.

w, 30+

LOST

Ich habe den Glauben an meinen Nachbarn verloren. Eigentlich habe ich ihn nie richtig kennengelernt. Aber er wohnt im Haus nebenan – und seit er da eingezogen ist, brennt oftmals das Licht. Und ich habe ihn durchs Fenster beobachten können, ein klein wenig – in meiner Vorstellung war er ein sehr inspirierender

Mann. Aber heute Morgen, da hat er sich aus seinem Fenster gelehnt und was Giftiges rausgespuckt ... also Worte. Er hat rausgezetert und war sehr boshaft. Und da habe ich meinen Verlust bemerkt: Der Glaube ist weg, dass er etwas Besonderes ist. Vorher, da war diese Nachbar-Magie.

w, 30+

FOUND

Ich habe vor ungefähr zwei Monaten das Vertrauen gefunden, nach einem schweren Unfall wieder gehen zu können. Vor einem halben Jahr wurde ich operiert und hatte Angst, nie mehr Fahrrad fahren zu können. Dann habe ich geübt, Physiotherapie gehabt und mich angestrengt – und plötzlich war sie da, überkam mich wie ein Schnupfen: die Gewissheit, dass ich es schaffen werde. Heute fahre ich wieder Auto, Fahrrad und reite auch. Ohne dieses Vertrauen wäre ich nicht so weit gekommen. Jetzt aber hat es seinen Dienst getan, und ich wäre bereit, es weiterzugeben ... einem Menschen, der Ähnliches zu bewältigen und gerade nicht das Gefühl hat, dass es zu schaffen ist.

w, 20+

LOST

Ich habe den Glauben verloren, dass es besser kommt. Mir ist bewusst, dass ich wohl nicht allein bin mit dem Verlust, aber dieses Wissen tröstet mich nicht. Nun versuche ich, trotzdem keinem Populisten auf den Leim zu gehen. Wo finde ich Alternativen?

w, 40+

FOUND

Gänsehaut, ein irrsinniges Kribbeln und Kitzeln – und zwar heute Morgen zwischen 10 Uhr und 11:30 Uhr, während dem Weißen-Sonntags-Gottesdienst und beim Zuhören des Chors. Einige junge Frauen haben so glasklar gesungen! Das war unglaublich.

w, 40+

FOUND

Etwas, das ich schon vor langer Zeit gefunden habe, ist die Einsicht, dass es unzählige Wahrheiten gibt. Quasi so viele Wahrheiten wie Menschen. Das realisiert man immer dann, wenn zwei Menschen streiten und die Situation zwar vermeintlich die gleiche ist, eine gemeinsam geteilte. Aber jeder was ganz anderes sieht und erlebt dabei.

w, 30+

LOST

Ich habe den Glauben daran verloren, dass die Erwachsenen unfehlbar sind. Eben Erwachsene, die genau wissen, wie's läuft auf dieser Welt, die wissen, was zu tun ist, auf jede Frage eine Antwort haben und mit jeder Antwort ein Wissen, eine Weisheit transportieren.

Als junger Mensch konnte ich zu den Älteren aufschauen, ich habe mir Ratschläge geholt ... Nun weicht sich das auf, und ich denke, dass die Erwachsenen eben auch nur Menschen sind, eine Art ahnungslose Kinder mit Falten.

m, 20+

LOST

Ich habe vor einiger Zeit das Vertrauen in das Gute im Menschen verloren. Nachdem meine Mutter notoperiert wurde und dann in Reha ging, musste ich in den drei Tagen vor ihrer Entlassung einen Altenheimplatz finden (was fast unmöglich ist), da sie angeblich nicht mehr alleine leben konnte. Nun ist sie in einem privaten Altenheim mit nur siebenundzwanzig Bewohnern in einem wunderschönen Einzelzimmer mit eigenem Bad und mit Blick in den Park. Als unterhaltspflichtige Tochter zahle ich diese Extras alle, und doch ist es für meine Mutter nie genug. Sie fragt noch nicht mal, wie es mir geht. Zu hören bekomme ich nur Forderungen und Vorwürfe. Dies alles lässt mich zweifeln, an unserem System. Was ich verloren habe, ist: das Vertrauen in das Gute im Menschen, Hoffnung & Zuversicht. All das hätte ich gerne zurück.

w, 50+

FOUND

Ich habe mein Gottvertrauen wiedergefunden. So richtig verloren hatte ich es Gott sei Dank nie, aber manchmal waren die Zweifel so groß, dass es verschwunden schien. Mein Gottvertrauen ist vielfältig und daher schwer zu beschreiben. An dunklen Tagen ist es die – mitunter sehr leise – Hoffnung, dass doch irgendwie alles gut wird, und dass das, was geschieht, einen Sinn hat, selbst wenn ich ihn gerade nicht begreife. In meiner Verzweiflung ist es der Glaube daran, dass Gott mir gerade jetzt besonders nahe ist und dass er mich vielleicht nicht am Leiden vorbeiführt, aber ganz gewiss hindurch, auch dann, wenn ich ihn gerade nicht sehe. In solchen Momenten besteht mein Gottvertrauen auch aus der Erinnerung an Situationen, in denen ich Gott erlebt habe – zum Beispiel, indem er mir Menschen zur Seite gestellt hat, die mir geholfen haben. Oder indem er mir neue Kraft gegeben oder Dinge zum Guten gewendet hat. Wenn ich Angst habe, etwas nicht zu schaffen, dann ist mein Gottvertrauen das gute Gefühl, dass ich loslassen darf und alles in die Hände des Allmächtigen legen kann, der sich dessen annehmen wird. Manchmal ist mein Gottvertrauen auch ein schlichtes «Und trotzdem glaube ich» angesichts all der schrecklichen Dinge in der Welt. Und wenn es mir gutgeht und ich über reichen Segen staune, dann ist mein Gottvertrauen vor allem demütige Dankbarkeit – für all das, was Gott mir geschenkt hat. Mein Gottvertrauen ist der Anker in meinem Leben.

w, 30+

LOST

Angesichts der dramatischen Tendenzen um uns herum vermisse ich das überfällige, gemeinsame und koordinierte Vorgehen all derer, die sich Frieden, Menschlichkeit, Gerechtigkeit, Ressourcenschonung, Bescheidenheit, Klima-, Umwelt- und Tierschutz auf die Fahnen geschrieben haben. Ich verliere den Glauben daran, dass wir diejenigen, denen es um ungebremsten Profit- und Machtausbau geht, stoppen können. Die sind insgeheim doch längst dabei, sich zu organisieren und zu wappnen.

m, 50+

LOST

Am 2. August 2012 wurde ich notfallmäßig ins Universitätsspital eingeliefert. Nach einer ersten Computertomographie stellte sich heraus, dass ein Gallenstein meine Bauchspeicheldrüse zerrissen hatte und ich an einer schweren Pankreatitis litt, an der auch heute noch zahlreiche Menschen sterben. Ich wurde in ein künstliches Koma versetzt und auf die Intensivstation verlegt, wo ich nach zwei Wochen zum Erstaunen von Ärzten, Pflegepersonal, Familie und Freunden erwachte. Inzwischen habe ich erfahren, dass für diese und ähnliche Erlebnisse manchmal der Ausdruck «Nahtod» verwendet wird. Einige Menschen, die solche Nahtod-Erfahrungen gemacht haben, können offenbar über außergewöhnliche Träume oder mystische Erlebnisse berichten. Wer hier solche Berichte erwartet, den muss ich von vornherein enttäuschen. In den zwei Wochen, als ich im Koma lag, und während meiner insgesamt sechs Wochen auf der Intensivstation, die ich «Zeit X» nennen will, habe ich kein Licht am Ende eines Tunnels gesehen und auch keinerlei Engel oder sonstige göttliche oder menschliche Wesen getroffen. Überhaupt erinnere ich mich an keine Träume aus dieser Zeit. Vor vielen Jahren durfte ich einige Male im Traum über die Erdoberfläche hinwegschweben, einmal haben sich sogar bei dieser Gelegenheit die Schneeberge vor meinen erstaunten Augen verschoben – aber nicht im Sommer und Herbst 2012 im Unispital. Vielleicht war ich damals einfach zu weit weg. Weg ist aber auch die Angst vor dem Tod. Sie habe ich unterwegs verloren.

m, 50+

LOST

Was ich verloren habe? Den Glauben daran, tolerant zu sein. Dabei war ich überzeugt davon und dachte: Nur viele andere haben ein Problem mit der Toleranz. Bis mein studierter zweiunddreißigjähriger Sohn mit seiner neuen Freundin kam. Einundzwanzig Jahre alt, ohne Schulabschluss, tätowiert, mit exotischem

Haustier, von Hartz IV lebend und nach drei Monaten schwanger von ihm. Ooops!
What a challenge für die aufgeklärte, feministische, vegane Lehrerin-Mutter.

w, 50+

LOST

Nach drei Fehlgeburten in Folge habe ich den Glauben daran verloren, jemals Mutter zu werden. Beim ersten Mal war es traurig, aber okay, denn so was passiert. Beim zweiten Mal traf es mich schon härter, und heute reißt es mir den Boden unter meinen Füßen weg. Ich raffe mich auf und gehe zum Friseur, und der fragt: «Wie war dein Tag bis jetzt?»

w, 40+

FOUND

Ich habe meine Berufung gefunden. Zumindest eine der wichtigsten: meine benediktinische Berufung.

w, 40+

LOST

Ich habe meinen Glauben an Gott verloren. Ich musste früher immer in die Messe, das war nervig. Aber der Pfarrer war ganz in Ordnung. Irgendwann ist er gestorben – und sein Nachfolger ist einfach nicht cool. Eigentlich hat der mir den Glauben geklaut.

m, 20+

LOST

Ich habe irgendwie die Hoffnung in die Menschheit verloren! Immer die gleichen Fehler und neue dazu; Geld regiert weiterhin die Welt; die Politiker lügen uns die Hucke voll und werden wiedergewählt; die Schweizerinnen geben jeden Monat ein halbes Vermögen in die Lotterie – aber es geht uns doch so schlecht. Wir haben, so behauptet man, eine humanitäre Tradition, nehmen aber verschwindend wenig Flüchtlinge auf; für neue iPhones stehen die Leute sogar in der Nacht an; abstimmen geht nicht mal die Hälfte der Stimmberechtigten ... Ich habe die Hoffnung definitiv verloren, dass aus uns mal noch was wird!

m, 60+

LOST

Der Glaube, ein guter Vater zu sein. Der ist weg.

m, 40+

LOST

Ich habe meine Erinnerung verloren. Die Erinnerung daran, was meine Lebensaufgabe ist, hier auf dieser Welt.

w, 40+

LOST

Streng katholisch in einem bischöflichen Knabenseminar der fünfziger Jahre mit dem Bild von einem lieben, gerechten und an mir interessierten Gott vertraut gemacht, habe ich nichtsdestotrotz den Glauben an den Wunder bewirkenden Gott bereits in der Jugend wieder verloren. Aus der Kirche ausgetreten, glaubte ich viele Jahre lang an einen irgendwie gearteten Schöpfer und Lenker der Erde, hielt es aber nicht für nötig, mich näher mit ihm zu befassen. Dass ich meinen Glauben auch an einen Gott dieser Art verloren habe, verdanke ich den mir im Rahmen der Friedensforschung der siebziger Jahre aufgetragenen wissenschaftlichen Analysen von Kriegswahrscheinlichkeiten im Ost-West-Konflikt. Ich habe mir fortan keinerlei fromme Gedanken mehr um einen Gott gemacht. Mir leuchtete nicht mehr ein, dass ein mächtiger Gott, ein vernünftiges Wesen, die Welt lenken und diese Menschheit mit ihren Irrwegen positiv begleiten würde. Schließlich war man damals deutlich von der absoluten Sicherheit entfernt, dass nicht ganz Mitteleuropa einer nuklearen Katastrophe zum Opfer fällt. Dieser zweite Verlust meines Glaubens machte mich für Jahrzehnte schlicht ratlos und an derlei Fragen desinteressiert.

m, 70+

LOST

Ich habe achtzehn Jahre mit einem Pfarrer in einer Kirche gearbeitet – in der Wäscherei. Es war eine schöne Aufgabe, ich habe dabei Frieden erlebt. Ich habe zehn Jahre lang wöchentlich in der Bibel gelesen, war an jedem zweiten Tag in der Kirche. Nach zehn Jahren gab es einen Wechsel in der Kommission – auch der Pfarrer hat gewechselt. Und plötzlich gab man mir eine neue Aufgabe und ein neues Pensum. Ich musste mehr arbeiten, mir wurde aber mehr Geld versprochen. Doch dann wurde ich über den Tisch gezogen, hab nur Ausreden gehört. Und als ich den Pfarrer konfrontiert hab, ist er wütend geworden. Ich habe den Glauben an die Institution Kirche verloren, ja, aber nicht den Glauben an Gott. Trotzdem: Was ich hundertprozentig geliebt hab, habe ich zu zweihundert Prozent verloren.

w, 60+

LOST

World humanity! Wo haben sich Mitgefühl, gegenseitige Unterstützung und Zusammenhalt versteckt? Bei Hinweis bitte melden!

m, 20+

LOST

Ich habe meine innere Fröhlichkeit verloren. Es begann mit dem Tod meines Mannes vor zehn Jahren – mal wurde es lichter, dann wieder dunkel in mir. Ich wäre sehr froh, wenn wieder Helligkeit und Freude in mir einkehren könnten ...

m, 70+

LOST

Habe mein Bedürfnis nach Besitz verloren. Und ich will es nicht zurück.

w, 40+

FOUND

Worte. Worte habe ich gefunden und einfach heimlich behalten. Ich finde sie sehr nützlich. Ich könnte sie abgeben gegen Finderlohn. Doch je mehr von ihnen ich finde, desto vorsichtiger gehe ich damit um. Unglaublich, was man mit so ein paar Worten anstellen kann!

m, 60+

LOST

Mir ist die Angst vor dem Tod abhandengekommen. Sie ist weg, einfach weg. Verloren habe ich sie im Oktober 2016, während einer Ayahuasca-Zeremonie in Ecuador. Da wurde mir bewusst, dass ich mich nicht mehr fürchte. Keine Panik mehr. Ich habe Vertrauen gefunden und Frieden geschlossen – mit meinem sozialen Umfeld und vor allem mit mir selbst, meiner Endlichkeit, meinem Weg, meiner Größe und meinen Fehltritten. Und wenn ich an Orte komme, wo mein Frieden keinen Platz findet, bleibt mir noch immer das Mitgefühl. Dieses Mitgefühl, habe ich gemerkt, führt dann doch wieder zu Harmonie und Gleichklang.

m, 40+

FOUND

Gemeinsame Stärke. Wenn man gemeinsam um etwas kämpft und nicht aufgibt, kann man sehr viel erreichen.

w, 30+

FOUND

Die Lust am Spazierengehen. Ich habe sie zusammen mit meinem Bruder wiederentdeckt – in einem neuen Land: der Schweiz. Ein besonders schöner Spaziergang führte mich hoch auf die Stadtburg, in Uster. Und die ersten Spaziergänge in Zürich! Das Licht wird weich, der Sommer. Das Wasser. Die Menschen, die in den See springen. Flanieren ohne Ziel, sich an einem Ort verlieren. Das ist wunderbar, wohltuend – das Spazieren ist für mich auch zu einem Zeichen der inneren Bewegung geworden. Ich bin tatsächlich unterwegs, physisch, aber beim Spazieren kommen zudem die Gedanken in die Gänge. Gedankengänge …

m, 30+

FOUND

Mein Vertrauen in mich selbst und in einen Gott, der mich sieht.

w, 40+

FOUND

Ich habe den Sinn meines Psychologiestudiums wiedergefunden, das ich einst wegen meines Mutterseins mitten im Diplom bewusst, aber auch schweren Herzens abgebrochen habe. Heute, fünfzehn Jahre später, bin ich immer noch glücklich über meine Tochter, blicke auf wunderbare Jahre zurück, in denen ich viel Zeit mit meinem Kind und für mein Kind hatte, wofür ich sehr dankbar bin! Heute arbeite ich unter anderem als freigestellte Personalrätin an einer Universität ... ohne abgeschlossenes Studium, aber mit dem notwendigen Wissen um die Menschlichkeit und Individualität jedes Einzelnen. Jedes Mal, wenn ich eine Sternstunde erlebe, weil ich jemanden dabei unterstützt habe, sich selbst zu helfen oder eine Verbesserung zu erzielen, schließt sich ein Kreis ... Ich denke und fühle dann: Yeah! Strike! Rückblickend macht alles Sinn! Ich feiere die guten Neuigkeiten mit einem breiten Lächeln und dem tiefen Wissen, dass alles, was passiert, einen Sinn hat! Danke ans Universum für dieses Bewusstsein.

w, 40+

Und jetzt sind Sie dran: Welche Lost- oder Found-Meldung zum Themenbereich «Spiritualität, Glaube, Überzeugung» würden Sie hier gerne platzieren? Beschreiben Sie es: Was haben Sie gefunden, was verloren? Und wo und wann ist das passiert?

Guten Tag, haben Sie all die Stunden gefunden, die ich auf Social Media verloren habe?

Man verliert die meiste Zeit damit, dass man Zeit gewinnen will.

JOHN STEINBECK

Die Zeit – ein Wort, das für etwas steht, was immer auch Rätsel bleibt, sich nicht vollends begreifen lässt. Alles hat seine Zeit. Alles zu seiner Zeit. Gekommen, gewonnen, zerronnen

Wer hat an der Uhr gedreht?
Ist es wirklich schon so spät?

Erinnern Sie sich? Haben Sie die Melodie noch im Ohr? Das sind die ersten zwei Zeilen eines Songs, der jeweils am Ende einer Folge der Fernsehserie *Der rosarote Panther* lief. Ja, diese Zeichentrickfilme sind etwas in die Jahre gekommen, und an den modernen Uhren gibt's auch nichts mehr zu drehen. Trotzdem: Die Überraschung oder gar Empörung darüber, wie schnell die Zeit vergeht, scheint uns aktueller denn je. Die Stunden rasen davon, rinnen einem durch die Finger. Und wenn Sie nun auf die Uhr schauen, was passiert dann mit Ihnen? Geraten Sie unter Druck, weil Sie sich für heute noch so einiges vorgenommen haben, die To-do-Liste unanständig lang ist? Beschleicht Sie vielleicht sogar das ungute Gefühl, dass Sie gerade jetzt, in diesem Moment, etwas verpassen, das wichtiger, wertvoller wäre, ein besseres

Zeit-Investment quasi, als einfach in einem Buch zu lesen, in diesem Buch zu lesen? Das hoffen wir natürlich nicht. Aber wenn dem so ist, sind Sie in bester Gesellschaft, nämlich in einer Gesellschaft, in der die Zeit zum größten Luxus geworden ist. Trotz oder gerade wegen des technologischen Fortschritts, der uns andauernd ein «Noch schneller, noch effizienter» verspricht und dadurch Zeitersparnis vorgaukelt.

Es ist schon paradox: Wir alle sind trainiert und getrimmt darauf, keine Zeit zu verlieren, die Zeit gut zu nutzen. Also frönen wir selbst beim Essen dem Multitasking, beantworten noch ein paar WhatsApp-Meldungen oder E-Mails, während wir den nächsten Happen aufgabeln. Der Haushaltsroboter reinigt unseren Küchenboden, während wir im Wohnzimmer online shoppen und von superschnellen Home-Delivery-Angeboten profitieren. Abends wagen wir uns vielleicht ans Speed Dating oder wischen uns auf dem Smartphone mit der Tinder-Flirt-App durch hundert Single-Gesichter, nach links, nach links, nach rechts, in dreihundert Sekunden. Und bevor wir ins Bett fallen, hören wir uns womöglich noch rasch einen Crashkurs in Zeitmanagement als Podcast an.

Und dann? Liegen wir im Bett und alles dreht sich. Wäre der Alkohol schuld am Schwindel, der Rotwein, den sich manche von uns vielleicht zum raschen «Runterkommen» und Entspannen gegönnt haben, gäbe es einen altbewährten Trick: Fuß raus und bremsen! Aber meistens liegt es nicht am Alkohol, und weder das Bett noch das Zimmer sind in Bewegung. Es sind unsere Gedanken, die kreisen: Uns rasen all diese Dinge und Aufgaben durch den Kopf, die wir noch nicht geschafft, noch nicht hingekriegt oder verpasst haben – wir beäugen und bewandern in Gedanken den steilen Pendenzenberg oder die Zugspitze. Und der ganze Stress gipfelt in einem erhöhten Puls und quälender Schlaflosigkeit.

«Menschen leiden heute stärker unter Zeitdruck denn je zuvor in der Geschichte», stellt auch Richard David Precht fest, den ich gern nochmals zitiere. In einem Gespräch reflektiert der Philosoph zusammen mit dem Soziologen und Zeitforscher Hartmut Rosa die Rastlosigkeit, in der wir leben. Die Leitfrage der *Precht*-Sendung vom 14. Juni 2015, die ich online gefunden habe: «Rasender Stillstand – beschleunigen wir uns zu Tode?» Diese Frage scheint zwar radikal in ihrer Formulierung, aber nicht aus der Luft gegriffen. Schauen und hören Sie sich um. In unserem kapitalistischen, auf Wachstum gemünzten System, in unserer Leistungsgesellschaft sehen sich viele Menschen zur stetigen Performance gezwungen, quasi zum Spitzensport im Alltag – und das nicht etwa, um die anderen abzuhängen und Medaillen zu gewinnen, sondern nur, um nicht zurück- und rauszufallen aus allem.

Das ist wie in *Alice hinter den Spiegeln* – als das Mädchen von der schwarzen Königin an der Hand gepackt und mitgerissen wird. Kennen Sie diesen Teil der Geschichte? Alice muss immer schneller laufen und schneller, immer schneller. Sie will und kann das eigentlich nicht, aber es fehlt ihr schlicht der Atem, um «Stopp!» zu rufen. Und irgendwann stolpert Alice. Sie strauchelt und fällt zu Boden. Daraufhin schaut sie sich um, verwundert, und sagt zur Königin: «Wenn ich mich recht umblicke, so habe ich den Eindruck, als seien wir gar nicht vorangekommen.» – «Ja», sagt die schwarze Königin, «in dieser Welt muss man so schnell laufen, wie man kann, um da zu bleiben, wo man ist.»

Zum Immer-Schneller kommt in der modernen Gesellschaft noch das Immer-Mehr hinzu. Metaphorisch gesprochen: Wir rennen Hand in Hand mit der schwarzen Königin, wie die kleine, mitgerissene Alice, weil wir vermeintlich keine Wahl und womöglich Angst haben – ja, uns peitscht die Panik, im Wettbewerb nicht mithalten zu können, überholt zu werden, überrundet. Und unterwegs sammeln wir gleich noch verrückt viel Zeugs ein: allerlei Sachen, aber auch Leistungsnachweise, Diplome.

Nehmen Sie das Bild von Alice und kombinieren Sie es mit einem dieser typischen «Jump & Run»-Computerspiele, bei denen man nicht nur möglichst schnell vorwärtskommen, sondern auch immer wieder hochspringen muss, um Hindernisse zu überwinden, feindlichen Angriffen auszuweichen und um Dinge zu ergattern. Dabei soll man möglichst viele Punkte erzielen und sich von einem Level ins nächste kämpfen. Apropos Dinge: Wussten Sie, dass in einem durchschnittlichen europäischen Haushalt 10 000 Objekte rumstehen und rumliegen? Im Jahr 1900 sollen es noch um die vierhundert Objekte gewesen sein. Auch das hat Precht gesagt und es treffend auf den Punkt gebracht: «Wir brauchen nicht mehr Zeug, wir brauchen jetzt mehr Zeit.»

Mehr Zeit. Mehr Ruhe, Besonnenheit? In seiner Schrift

Menschliches, Allzumenschliches schrieb Friedrich Nietzsche bereits vor 140 Jahren: «Aus Mangel an Ruhe läuft unsere Zivilisation in eine neue Barbarei aus. Zu keiner Zeit haben die Tätigen, das heißt die Ruhelosen, mehr gegolten. Es gehört deshalb zu den notwendigen Korrekturen, welche man am Charakter der Menschheit vornehmen muss, das beschauliche Element in großem Maße zu stärken.» Was würde Nietzsche wohl sagen, wenn er sehen könnte, wie zügig wir heute unterwegs sind? Der berühmte Denker hat im Jahr 1900 das Zeitliche gesegnet. Also dreizehn Jahre bevor Henry Ford in den USA das Fließband für seine Produktion von Autos einsetzte. Zwanzig Jahre vor dem ersten Haartrockner. Fast fünfzig Jahre vor dem ersten digitalen, programmierbaren Computer für den Heimgebrauch. Und lange vor dem Internet und den Smartphones, die heute Ton und Tempo angeben.

Mit der Endlichkeit des Lebens sind wir bei einer weiteren wichtigen «Zeit», der vielleicht wichtigsten überhaupt – unserer Lebenszeit. Und die ist für biologische Lebewesen, wie wir es nun einmal sind, beschränkt. *Mors certa, hora incerta* – Der Tod ist gewiss, die Stunde nicht. Das wussten schon die alten Römer. Und trotzdem wollen viele von uns diese Gewissheit nicht wahrhaben. Sind wir dann tatsächlich mit unserer eigenen Endlichkeit konfrontiert, erschrecken wir. Der Tod, schrieb der Philosoph und Kulturkritiker Walter Benjamin einst so treffend, sei die einzige «radikale Neuigkeit» für den modernen Menschen.

Ich gebe es gerne zu: Auch ich habe mich noch nicht aufrichtig und ausgiebig mit dem Tod beschäftigt. Was womöglich mit dem schönen Umstand zusammenhängt, dass ich bislang kaum mit ihm konfrontiert war. In meinen sechsunddreißig Lebensjahren musste ich noch nie jemanden verabschieden, endgültig, der mir sehr, sehr nahestand. Mit Ausnahme der Haustiere, die ich hatte – allen voran Bärli, einer langhaarigen, cremefarbenen Katze, die als junges Tier aussah wie ein kleiner Eisbär, mich ganze achtzehn Jahre lang begleitet und während meiner Kindheit und Jugend unzählige Male getröstet hat. Aber Menschen? Meine Großväter haben beide das Zeitliche gesegnet, bevor ich zur Welt kam. Bei der Großmutter, die bereits gestorben ist, habe ich es leider versäumt, sie nicht nur im Verwandtschaftsrudel, sondern auch mal alleine zu treffen und so wirklich kennenzulernen. Die andere Großmutter, die mir sehr vertraut ist und die lange auch direkt neben uns gewohnt und oft auf mich und meinen Bruder aufgepasst hat, beging kürzlich ihren achtundneunzigsten Geburtstag. Als ich ihr zur Feier des Tages den Teller mit dem Kuchen unter die Nase schob, machte sie Witze: «Wenn ich das alles esse, werde ich zu rund für den Standardsarg. Dann müsst ihr eine Spezialanfertigung machen lassen – das wird teuer.» Ihren Humor hat sie nicht verloren, die kluge Frau. Ihren Appetit auch nicht. Sie hat den Kuchen gegessen, jeden Krümel davon, ist aufgestanden vom Küchentisch und zurückgewackelt zu ihrem mintfarbenen Stuhl mit dem gemütlichen, plattgesessenen Schaffell. Da hat sie sich reingepflanzt, ihre Augen geschlossen und lebensbejahend weitergeatmet.

Patrick ist mir, was die Auseinandersetzung mit dem Zeitlichen angeht, ein paar Schritte voraus: «Ich habe schon nahe Menschen verloren», sagte er bei einer unserer Begegnungen. Er redete auch über den Tod mit dieser unglaublichen Entspanntheit, die so typisch ist für ihn. «Mit meiner Mutter unterhalte ich mich immer mal wieder über den Tod. Sie sagt, das Thema habe mich schon als Kind interessiert. Angeblich habe ich viele Fragen gestellt, es ganz genau wissen und verstehen wollen.»

«Hattest du Angst?», wollte ich wissen.

Patrick dachte nach, sagte dann: «Nun, so genau erinnere ich mich nicht. Aber ich nehme an, dass die Fragen ursprünglich mit Ängsten verbunden waren. Irgendwann habe ich jedenfalls realisiert: Die Furcht wird weniger, je mehr ich mich mit dem Ende auseinandersetze. Das treibt mich an. Ich gehe tiefer rein in die Materie, lese Todesanzeigen und konfrontiere mich sehr bewusst mit dem Tod. Da versuche ich, nicht auszuweichen, nicht auszublenden. Die Begegnung mit dem Tod und die Möglichkeit, offen darüber zu reden, wirken für mich eher befreiend.»

Ich erinnerte mich an einen sonnigen Abend, den ich mit meiner geliebten Tante Ella auf dem Balkon verbracht habe. Ella hatte mich gebeten, mit ihr zusammen ihre eigene Todesanzeige zu verfassen. «Ich will verhindern, dass da irgendwas Deprimierendes wie ‹nach einer langen, schweren Krankheit …› steht.» Ella leidet tatsächlich an einer langen, schweren Krankheit, aber die soll nicht das letzte Wort haben. Also suchten wir gemeinsam nach Formulierungen, die ihrem Leben würdig sind. Das stellen Sie sich jetzt vielleicht schwer und traurig vor, beklemmend – aber das war es nicht. Im Gegenteil. Es war befreiend! So wie es Patrick empfunden hatte. Wir haben auch viel und laut gelacht dabei. Ella nannte die ganze Aktion «Meine Zukunft planen». Und was sie für sich selbst akzeptiert hat oder zulässt in den Gedanken, gilt für uns alle: In unserer Zukunft liegt der Tod. Und vielleicht ist der Tod nicht nur etwas Zukünftiges, sondern gar das «Innerste des Menschen», ein Teil unseres Kernes, schon immer da. Davon war jedenfalls Hansruedi Gehring überzeugt, Schweizer Facharzt für Psychiatrie und Psychotherapie, Daseinsanalytiker und Krimiautor. Er war ein sehr kluger, warmherziger Mensch, mit dem ich an einem Sommersonntag einen Fluss entlangwandern durfte und über das Leben nachdenken. Ich kannte ihn nicht gut, ich kannte ihn nicht lange, aber ich kannte ihn gerne. Er hat mir wunderbare Sätze mitgegeben, auch den hier: «Mit der Innenwelt ist es im Grunde wie mit der Außenwelt: Wenn ich mich darin orientieren und in ihnen zurechtkommen will, muss ich als Erstes genau hinsehen und herausfinden, was alles da ist.» Hansruedi Gehring redete von einem Beobachten der eigenen Gefühls- und Gedankenwelt – einem Beobachten und Wahrnehmen, ohne zu urteilen. Ihm hätte das Fundbüro für Gefühle, Hoffnungen und Wünsche sicherlich gefallen. Leider hat er es nicht mehr miterlebt, er starb 2015.

Das Ereignis unseres Todes steht letztlich für eine Grenze, für *die* Grenze schlechthin. Wenn wir das verdrängen, wenn wir das Ende negieren, kann das die Lebensqualität beeinträchtigen. Dann könnte es passieren, dass uns der Körper daran erinnert – beispielsweise mit Panikattacken. Außerdem besteht beim Ausblenden der Endlichkeit durchaus die Gefahr, dass wir uns während unseres Daseins abrackern oder im Supermarkt der Möglichkeiten stets vor den falschen Regalen stehen. Wir verschieben dann das, was wirklich wichtig ist, auf später. Immer wieder auf später. Bis es dann, irgendwann, zu spät ist.

Sie kennen sicherlich den Spruch: «Lebe jeden Tag so, als wäre es dein letzter.» Ich finde ihn schrecklich – schrecklich überstrapaziert und abgewetzt, da schon zu oft in Freundschaftsalben oder als vermeintliches Lebensmotto gelesen. Schrecklich impraktikabel auch, denn würde ich jeden Tag so leben, als ob es mein letzter wäre, hätten meine Liebsten bald ein Trauma – weil ich täglich bei ihnen vor der Tür stehen würde, um mich Herz an Herz und bei meinem Partner auch Haut an Haut zu verabschieden. Ich wäre sicherlich bald meine Wohnung los (Miete bezahlen werde ich an meinem letzten Lebenstag garantiert nicht), meinen Job, meine Perspektiven.

Aber: Mir gefällt die grundsätzliche Idee dahinter – und das Bild, das der US-amerikanische Ethnologe und Schriftsteller Carlos Castaneda in seinem Buch *Reise nach Ixtlan* zeichnete: Stellen Sie sich den Tod wie einen Vogel vor, der auf Ihrer linken Schulter sitzt. Er ist Ihr Freund und nicht

Ihr Feind. Wenn Sie mit ihm reden, erteilt er Ihnen bessere Ratschläge, als Ihre Angst das tut oder Ihr Verstand oder Ihre Gewohnheiten. Allein das Wissen um seine Existenz sorgt für einen unerhört klaren Blick. Wenn wir uns vor Augen halten, dass wir nicht ewig zu leben haben, treffen wir Entscheidungen anders und andere Entscheidungen. Und die vielen Elefanten in unserem Leben werden zum Mückenschwarm. Der mag lästig sein, natürlich, aber er wird uns nicht niedertrampeln.

LOST

Ich habe Zeit verloren, viel zu viel Zeit mit Unwichtigkeiten. Zum Beispiel mit Social Media. Social Media ist ein zeitfressendes Monster. Das ist wie in *Momo* die rauchenden Männer in den grauen Anzügen. Kennen Sie die? Die rauchen jetzt nicht mehr und heißen Facebook und Twitter und Instagram und Pinterest und so.

w, 40+

LOST

Ich vermisse die Zeit, in der wir uns keine Gedanken darüber gemacht haben, welche Markenklamotten oder welches Handy «in» ist, um dazuzugehören. Das gab es gar nicht, und wir waren mittendrin und dabei. Ich vermisse die Zeit, als ich mich nur zwischen drei Fernsehprogrammen entscheiden musste und nicht zwischen unzähligen. Ich vermisse die Zeit, als es noch «ehrliche», handgemachte Musik gab und Vinyl und das Knistern beim Abspielen der Platten. Ich vermisse in Zeiten der E-Books die kleinen Buchläden, in denen man mit einer Tasse Kaffee oder Tee in den Büchern schmökern konnte, bevor man sie kaufte. Ich vermisse die Zeit, in der wir noch Zeit hatten zu genießen.

w, 60+

LOST

Mit der Geburt meines Kindes habe ich die Zeit verloren, die ich früher beim Apéro genießen konnte. Dadurch sehe ich gewisse Menschen nicht mehr. Zum Beispiel meine Kolleginnen und Kollegen, die keine Kinder haben. Aber auch jene Leute, die wichtig sind fürs berufliche Netzwerken. Ja, ich habe meine informellen Netzwerke verloren. Ich stelle dabei fest, dass viele Gremien von Leuten besetzt sind, die den Rücken frei und nicht noch andere Pflichten haben. Das heißt, es sind kinderlose Menschen oder solche, die jemanden zu Hause haben, der nach den Kindern schaut. Ich denke, dass damit oft Entscheidungen getroffen werden, die andere Realitäten nicht mitberücksichtigen – und ich frage mich, welche Auswirkungen das für unsere Gesellschaft hat.

w, 30+

FOUND

Ich habe die vielleicht allerlängsten Minuten meines bisherigen Lebens gefunden. Das war gestern Abend, hier im Haus. Unten im Keller. Ich wollte nämlich meine Wäsche holen, aber ich hatte mich in der Zeit vertan. Die Maschine war noch nicht fertig, die Anzeige gab weitere achtzehn Minuten an. Irgendwie war ich zu müde, um nochmals hoch in die Wohnung zu gehen und dann, später, erneut die Treppe runterzusteigen. Also habe ich mich auf den Boden gesetzt und der Trommel zugeschaut. Achtzehn Minuten lang. Es waren, wie gesagt, die vielleicht allerlängsten Minuten meines bisherigen Lebens, so kam es mir jedenfalls vor. Mir ist bewusst geworden, dass ich schon sehr lange nicht mehr gewartet hatte ohne Mobiltelefon oder sonstige Ablenkungsdinger. Ein Teil von mir hat dieses Warten kaum ausgehalten, ein anderer Teil war unglaublich erleichtert, nichts anderes zu tun zu haben, als dieser Trommel zuzuschauen, wie sie mit meiner Wäsche ihre Runden dreht. Ich bin froh, dass ich jetzt weiß, wo diese unglaublich langsamen Minuten zu finden sind, denn ich kann mir gut vorstellen, dass ich sie immer mal wieder gut gebrauchen kann.

w, 30+

FOUND

Ich bin seit gut einem Jahr Mama und habe vor einem Monat wieder Zeitinseln für mich gefunden. Zeitgeschenke, wie ich sie nenne. Zeit, in der ich einfach bin und mich wieder als Individuum wahrnehmen kann. Und dann freue ich mich sehr auf meinen Sohn und bin aufgetankt mit Liebe, Zufriedenheit, Dankbarkeit, Glück, Entspannung und Energie.

w, 40+

LOST

Einen Tag. Meinen Tag. Denn: Heute bin ich zu Hause geblieben und habe rein gar nichts getan, und jetzt ist's schon Abend und es fühlt sich so an, als wäre ich nicht mal mit dem «Nichts machen» fertig geworden. Ist das ein Verlust?

m, 70+

LOST

Ich wollte etwas mit Freunden unternehmen – ich wollte doch etwas machen, am Nachmittag schon in die Bibliothek, am Abend ausgehen. Und was ist tatsächlich passiert? Gar nichts. Die Zeit ging verloren. Ich lag nur auf dem Bett. Ungefähr einen halben Tag lang.

w, 20–

LOST

Ich habe den Zwischenraum in Form von toter Zeit verloren, das Warten, die Langeweile und damit auch meine Tagträume. Ich weiß nicht, wann das verloren ging, es muss schleichend passiert sein. Eines Tages war dieser Zwischenraum einfach weg, vermutlich vom Effizienzmonster gefressen. Wobei, genau jetzt, jetzt gerade lugt so ein Zwischenräumchen unter der Tastatur hervor.

m, 20+

LOST

Ich verlor eine Nacht. Eine Nacht, die Sehnsüchte stillt und nährt. Die neue Vertrautheit gebiert und zärtliche Gesten, das Flüstern neuer Geheimnisse. Ich verlor diese Kostbarkeit durch eine Unaufmerksamkeit.

w, 50+

FOUND

Den Ausstieg aus dem Hamsterrad des Getriebenseins und Müssens. Ich habe Zeit – ohne Uhr. Wie lange kann ein Tag sein ohne Tun! Durch eine völlige äußere Ruhe habe ich somit auch innere Ruhe und Kraft gefunden. Ich bin vollgetankt – nicht nur mit dem Sonnenvitamin D, sondern mit Vitamin H. H steht für Hoffnung. Eine Hoffnung, die ich weitergeben will. Ich arbeite in der traumatherapeutischen Flüchtlingsunterstützung. Das bedeutet, dass ich mit extremen menschlichen

Schicksalen konfrontiert bin, mit Folter und mit Tod, der Flucht vor dem Krieg. Zwei Wochen unterwegs mit Beduinen und Kamelen im Sinai. Zwei Wochen unterm Sternenhimmel schlafen, im 1000-Sterne-Hotel. Zwei Wochen fast ohne Menschengemachtes. Zwei Wochen einfachstes Leben.

w, 30+

FOUND

Eine Feedbackschlaufe des Universums. Ich schaue auf die Uhr und sehe immer wieder diese Zahlen: 11:11, 21:12, 20:02, 13:31. Es fühlt sich an wie Synchronizität, ein Feedback des Universums, dass ich auf Kurs bin, dass alles okay ist, ich auf meinem Weg bin. Innerer Frieden.

m, 40+

LOST

Ich verliere ständig die Zeit. Es ist immer später, als ich denke oder möchte. Vieles dauert länger, als ich es voraussehe. Es ist magisch. Diese wertvolle Zeit. Meine Zeit. Auch Schlafenszeit geht verloren – dann, wenn ich mich vertrödele. Und wertvolle Wachzeit, also diese Minuten und Stunden mit einem Kaffee auf dem Sofa und einem guten Buch. Diese Minuten und Stunden, die ich mit Aktivitäten und Dingen fülle, die ich mit Muße verbinde: Musik hören, ein Konzert besuchen, in der Natur sein, im Garten, mit Kindern spielen, einfach raus und aufs Meer schauen, Yoga machen, auch mal gar nichts tun, unverplant sein. Ich wünsche mir mehr Luft. Mehr Puffer. Aber alles ist getaktet. Manchmal sind es Verpflichtungen von außen, die meine Agenda füllen, manchmal packe ich auch selbst zu viel rein. Und dann bin ich gehetzt, getrieben. Das ist für mich ein Lebensthema. Früher, 2003, hatte ich einen anspruchsvollen Job, der mich auf Trab hielt. 2007 kam ein neuer Job, einer ohne Führungsverantwortung. Und plötzlich war sie wieder da, die freie Zeit. Aber dann, 2010, habe ich sie erneut verloren und bis jetzt nicht wiedergefunden.

w, 40+

LOST

Ich habe die Illusion verloren, selbst nicht alt zu werden. Ich sagte mir immer, dass dieses Altwerden zwar ein natürlicher Prozess ist – aber einer, der auf magische Art und Weise an mir vorbeizieht. Bei Klassenzusammenkünften beispielsweise dachte ich immer, dass nur die anderen alt geworden sind. Aber jetzt merke ich: Ich werde auch alt, es ist kein theoretischer Gedanke mehr, sondern eine Erfahrung. Ich merke das, weil mich plötzlich Frauen und Männer in den öffentlichen Verkehrsmitteln fragen, ob ich mich setzen will. Aber nicht nur daran, sondern auch an körperlichen Gebrechen. Außerdem interessiert mich vieles nicht mehr so, zum Beispiel Kunst – anderes dafür mehr. Es ist ein Bewusstsein, das entsteht, das Bewusstsein dafür, dass die Lebenszeit, die einem noch bleibt, kürzer und kürzer wird.

w, 60+

LOST

Meine unreflektierte Übereifrigkeit bei der Arbeit ist mir verloren gegangen. Zunächst dachte ich, meine Arbeitsfreude sei weg, aber das stimmt nicht. Ich arbeite nach wie vor gerne. Aber das scheinbar ganzheitliche Einbringen all meiner Persönlichkeitsmerkmale, von so vielen Gedanken zur Arbeit auch außerhalb der offiziellen Arbeitszeit und auch sonst von viel mehr Zeit als vertraglich vereinbart – und das Ganze so selbstverständlich und im Grunde ohne dass mich jemand explizit dazu aufgefordert hätte (außer mit leicht zu durchschauenden Tricks): Hei, alles weg! Ich bin so froh, dass ich Ihr Fundbüro entdeckt habe, denn jetzt kann ich meine unreflektierte Übereifrigkeit verloren melden und gleichzeitig die Bitte äußern, diese, falls sie gefunden wird, nicht wieder bei mir abzugeben und sie auch nicht nach Ablauf einer Frist an eine arme Seele zu versteigern oder gar zu verschenken. Darf ich Sie sogar bitten, sie zu vernichten, falls Sie sie finden sollten oder falls sie bei Ihnen abgegeben wird?

w, 40+

FOUND

Ich habe Zeit gefunden. Einen halben Tag. Dieser halbe Tag ist einfach leer und offen für alles Mögliche. Wem darf ich ihn schenken?

m, 40+

FOUND

Ich habe die Gemütlichkeit gefunden – in Form von planloser Zeit und Gelassenheit. Ich merke allerdings, dass ich den Anspruch habe, diese Zeit nun zu füllen mit Projekten und Plänen. Diesen Druck mache ich mir selbst, er kommt aber auch von außen, von den Eltern, von Freunden. Dabei würde ich mir meine Gemütlichkeit nur zu gerne bewahren.

w, 30+

FOUND

Am 30. Juni 2017 habe ich meine Arbeitswelt verloren. Alles war unendlich. Am 1. Juli 2017 habe ich meine Pensionszeit gefunden. Alles wird endlich. Ich feierte den ersten Tag des Beginns vom Rest meines Lebens. Wie schwer ist es mir gefallen, loszulassen, nicht mehr dazuzugehören. Wie befreiend ist jetzt das Gefühl der Unabhängigkeit. Unbezahlbar.

w, 60+

FOUND

Alltag. Ich erlebe seit langem wieder mal ein paar Tage, an denen ich um halb acht abends die Arbeit niederlegen kann. Ich komme nach Hause, wenn's noch hell ist. Und das genieße ich – diese freie Zeit ist wunderbar. Ich muss zugeben: Anfangs war ich verwirrt über die neue Freiheit. Jetzt weiß ich gut damit umzugehen. Ich mache etwas mit mir selbst, für mich selbst, oder auch nichts. Ich mache etwas mit anderen, treffe mich mit Freunden. Und doch sehe ich alles bereits wieder bedroht, und ich frage mich: Was kann ich tun, damit das so bleibt, für länger, für immer? Weniger Hobbys betreiben, die mit Arbeit zu tun haben? Oder mich beruflich verändern? Raus aus der Selbständigkeit, mich anstellen lassen? Auf Kosten einer Karriere?

w, 40+

FOUND

Ich habe ein Gedicht «gefunden» beziehungsweise geschrieben. Es handelt von einem Fundbüro für verlorene Tage:

Geschlossen

Das Fundbüro
für verlorene Tage
musste schließen
da die Lagerkapazität erschöpft war

Kaum einer
war gekommen
um etwas abzuholen

m, 50+

FOUND

Verliert man Jahre oder gewinnt man Jahre, wenn man älter wird? In meinem Alter findet man Jahre durchs Älterwerden. Ich freue mich auf die Jahre, die noch vor mir liegen, und darauf, sie aktiv zu füllen und an Lebenserfahrung dazuzugewinnen. Das Schöne daran ist, dass niemand durch meine gefundenen Jahre seine verloren haben muss.

w, 50+

LOST

Ich habe die Beständigkeit verloren. Alles im Leben erscheint mir nur noch flüchtig, kaum noch wirklich existent, da es bald wieder weg ist. Das Schnelle und Vergängliche hat Einzug gehalten im Alltag. Wann das passiert ist? Nun, ich würde sagen: schleichend, im Laufe der Jahre. Aber mit der steten Beschleunigung, die unser Leben bestimmt, immer mehr. Paradox: Es scheint, als sei dieser Verlust die verbliebene Beständigkeit.

m, 40+

FOUND

Als ich vor ungefähr zwei Monaten am See entlangspaziert bin, war sie plötzlich da: die Erkenntnis, dass das Leben doch einfach ein Zeitvertreib ist, ein Zeitverbringen. Und wenn wir schon mal hier sind, dann können wir auch was tun: Arbeiten. Einem Hobby nachgehen. Musik hören. Es ist nicht egal, was ich mache, aber ich möchte nicht mehr unterscheiden in «wertvolle Zeit» und «verlorene Zeit». Die Zeit ist immer gleich, auch gleich wichtig. Wenn ich so denke, fühlt sich alles ein klein wenig leichter an.

w, 50+

Und jetzt sind Sie dran: Welche Lost- oder Found-Meldung zum Thema «Zeit» würden Sie hier gerne platzieren? Beschreiben Sie: Haben Sie Zeit gefunden? Haben Sie Zeit verloren? Und wo und wann ist das passiert?

....

....

....

....

....

....

....

....

....

....

GESUNDHEIT

Guten Tag, haben Sie meine Kraft gefunden, meine grenzenlose Energie?

Gesundheit schätzt man erst,
wenn man sie verloren hat.

DEUTSCHES SPRICHWORT

Die Gesundheit – ein Zustand, der größte Reichtum überhaupt. Körperliches, psychisches und geistiges Wohlbefinden, das man oft erst schätzt, wenn's weg ist

«Gesundheit!» Wir sagen es reflexartig, wenn jemand niest. Und viele beschäftigen sich doch erst ernsthaft mit ihr, wenn sie durch eine Krankheit oder das Alter bedroht ist oder bereits verloren. Dann aber wird sie zum Wichtigsten überhaupt. Vielleicht kennen Sie das: Schon eine hartnäckige Erkältung, die einem die Luft raubt, kann einem ins Bewusstsein rücken, wie toll der «Normalfall» ist: eben nicht erkältet zu sein. Freie Atemwege zu haben. Noch viel eindringlicher als ein Schnupfen rückt uns natürlich ein schweres Leiden den Wert der Gesundheit ins Bewusstsein – oder eben das Altwerden.

Ich erinnere mich an ein Interview, das ich mit einer hundertjährigen Frau in einem Alterswohnheim geführt habe. Eigentlich hätte ich mit ihr über die Entwicklungen und Veränderungen in jenem Zürcher Stadtquartier reden sollen, in das sie als junge Frau gezogen ist und in dem sie achtzig Jahre lang gewohnt hat. Wir saßen uns gegenüber, an einem kleinen, viereckigen Tisch in ihrem kleinen, rechteckigen Zimmer, und ich hatte eine Liste mit Fragen mitgebracht. Aber was auch immer ich von ihr wissen wollte, ihre Antwort war stets dieselbe: «Das ist doch nicht wichtig.» Irgendwann legte ich den Stift zur Seite und fragte: «Wenn das alles keine Bedeutung für Sie hat, dann verraten Sie mir, was wirklich zählt?» – «Die Gesundheit», sagte sie. «Dass man selbst gesund ist. Dass man keine Schmerzen hat und es auch den Menschen gutgeht, die man liebt.» Wie hätte ich ihr da widersprechen können?

Dass wir unsere Gesundheit erst dann wahrhaftig schätzen und hochhalten, wenn sie verlustig gegangen ist, ist die eine Wahrheit. Das Gegenteil ist aber ebenfalls wahr: Wir leben in einer Zeit, in der sogar der Comic-Held Lucky Luke das Rauchen aufgegeben hat und eine gesunde Ernährung und Lebensweise sowie ein trainierter Körper für manche fast schon zum Religionsersatz geworden sind, die Food- und Fitness-Blogs zur Bibel. Vitalität. Attraktivität. Das stetige Im-Saft-Sein, In-der-Kraft-Sein. Auf immer und ewig. Amen. Ja, am liebsten würden wir selbst zu Göttern werden: «Im 21. Jahrhundert werden die Menschen vermutlich ernsthaft nach der Unsterblichkeit greifen», prognostiziert der israelische Historiker Yuval Noah Harari in seinem Buch *Homo Deus. Eine Geschichte von Morgen*. Noch sind wir *Homo sapiens*. Aber die Lebenserwartung konnte in den letzten Dekaden beachtlich gesteigert werden.

Dass die Gesellschaft immer älter wird, ist zweifelsohne

eine der großen Errungenschaften moderner Zeiten – und noch nie waren die Seniorinnen und Senioren rüstiger, also fitter und aktiver als heute. Natürlich haben auch schon früher manche Menschen bis ins hohe Alter gewirkt: Als Hildegard von Bingen ihr Tochterkloster in Eibingen bei Rüdesheim gründete, war sie siebenundsechzig (und das war im Jahr 1165!). Als Michelangelo die Bauleitung für den Petersdom übernahm, war er einundsiebzig. Als Goethe *Faust II* schrieb, war er einundachtzig. Heute ist es jedoch fast schon selbstverständlich, dass der Ruhestand zum Unruhestand wird, dass die vermeintlich «Alten» stets auf Achse sind, Sprachkurse besuchen, ihr Land – wenn nicht gleich die ganze Welt – bereisen, mit ihren Enkelkindern campen, Wander- und Fahrradtouren machen, zwischendurch einen Marathon laufen. Und, und, und ... Das ist toll und wird auch mit Vorliebe in der Werbung und in den Medien genutzt. Aber es setzt den einen oder die andere auch ganz schön unter Druck. Denn was ist, wenn man einfach keine Lust mehr hat, müde ist, eben vielleicht nicht mehr gesund und munter? Den dunklen Reigen Demenzkranker und die große Verbreitung der Altersdepression sollten wir nicht ausblenden. Auch wenn man da weniger gern hinschaut. Und schon gar nicht da landen möchte.

Zugegeben: Die Aussicht darauf, die Welt um uns herum irgendwann nicht mehr zu verstehen und nichts mehr zu ihr beizutragen zu haben, ist angsteinflößend. Die Vorstellung, eines Tages «keine Rolle» mehr zu spielen, also irrelevant geworden zu sein und aus gesundheitlichen Gründen zur bloßen Belastung für die Angehörigen, die Gesellschaft, kann einen verrückt machen. Oder vielleicht auch entlasten? Sicher ist: Wenn man so weit ist, ist man definitiv raus aus dem Hamsterrad. Raus aus dem Leisten-Müssen, weil Leistung schlicht nicht mehr möglich ist.

Meine achtundneunzigjährige Großmutter, von der ich Ihnen im vorangegangenen Kapitel erzählt habe, sieht und hört beispielsweise nicht mehr gut. Und wenn sie von A nach B geht, muss sie sich festhalten: am Fenstersims, an der Tür, am Tisch, am nächstbesten Arm. Also sitzt sie den Großteil des Tages auf dem Stuhl, mit geschlossenen Augen. Zu ihren Füßen: eine schwarz-weiße, schnurrende Katze, die ihr vor einigen Jahren zugelaufen ist, den Zenit ebenfalls längst überschritten hat und das Mausen sein lässt. Die beiden «nützen» nichts mehr. Sie sind einfach, essen und schlafen, sie haben und erfüllen keine Pflicht. Das Einzige, was sie noch leisten, ist Gesellschaft. Sie leisten dem jeweils anderen und den Menschen, die den Weg zu ihnen finden, Gesellschaft.

Ich liebe meine Großmutter und bin froh, dass sie noch da ist. Sie sagt, dass sie ein Leben lang geschuftet und sich das Ausruhen verdient habe, jetzt halt andere arbeiten müssen, und sie sagt das oft. So oft, dass ich in Versuchung gerate, zu denken, sie wolle sich mit diesem Mantra auch gleich selbst davon überzeugen, dass stimmt, was sie laut ausspricht. Wenn ich sie aber ganz direkt frage, ob es wirklich nicht schmerzlich sei, nicht mehr diejenige zu sein, die mit ihren Händen und ihrem Wissen den großen Garten bändigt, die Tiere versorgt, kocht, putzt, strickt, sich nicht mehr um alles und alle kümmern kann, sagt sie: «Nein. Jetzt pflege ich meine innere Welt – und richte mir schon mal gedanklich eine ‹Wohnung› im Himmel ein.»

Jonathan Swift hätte dieser versöhnlichen Haltung garantiert misstraut. Der irische Schriftsteller und Satiriker der Aufklärung hat nämlich gesagt: «Jeder möchte lange leben, aber keiner will alt werden.» Ich denke, auf die allermeisten trifft das auch zu: Wir wollen die Jahre leben, ohne dass der Zahn der Zeit an uns nagt. Aber das Alter ist keine Belle Époque, die wenigsten von uns werden hübscher, also greift der gereifte Mensch zu allerlei Cremes oder geht zu Chirurgen, die dagegen an operieren. Die Lider werden gestrafft, die Brüste angehoben, Hals-Stirn-Faceliftings gemacht.

Und wie bereits erwähnt: Der gesunde Lifestyle wird auch in der digitalen Welt gefeiert, schöne Körper und knackigfrische Mahlzeiten kassieren auf den Social Media massenhaft Herzchen und Likes. Der Trend, sich bewusst zu ernähren und fit zu sein, ist grundsätzlich zu begrüßen. Absurd wird's allerdings dann, wenn die Fixierung auf die eigene Gesundheit krank macht. Vielleicht sind Sie dem Begriff «Orthorexie» schon mal begegnet. Von Orthorexie spricht man, wenn das gesunde Essen für jemanden zum Zwang wird: Chia-Samen, Açaíbeeren, Reis oder Quinoa, als Beilage Nüsse und Früchte. Mehr Vitamine, weniger Fett – und der Teufel hat nicht nur den Schnaps, sondern auch den Zucker erfunden, um uns zu verderben. #cleanfood wird bejubelt. Die Party ist aber wohl dann zu Ende, wenn man sich nicht mehr in ein normales Restaurant traut, alles auf die Waage gelegt und bis zum letzten Bissen kontrolliert werden muss – aus Angst, andernfalls schnell zu verwelken.

Als wir uns über Gesundheit und Krankheit unterhielten, sagte Patrick: «Es ist nicht nur so, dass die Fixierung auf Gesundheit krank machen kann – es fehlt auch ein gesunder Umgang mit Krankheit.» Als ein geliebter Mensch aus seinem engen Umfeld schwer krank war, habe er beobachten können, was für einen schlechten Ruf das Kranksein hat: «Da geben einem viele das Gefühl, man sei selbst schuld, man habe sich nicht ausreichend um sich selbst gekümmert, sich zu wenig um sich selbst gesorgt.» Außerdem dürfe man nicht mal in Ruhe krank sein, sondern sei aufgefordert, das Beste daraus zu machen, ja, sogar eine Chance darin zu sehen. «Und da liegt man dann und meint, mit letzter Kraft noch eine SWOT-Analyse machen zu müssen: also Stärken, Schwächen, Chancen und Risiken zu skizzieren, die der ganze Mist mit sich bringt. Ich finde, jeder Mensch hat das Recht, eine Krankheit nicht zu hinterfragen, sondern einfach zu sagen: Diese Krankheit ist nichts für mich. Diese Krankheit bringt mir auch nichts. Sie hat mich zufällig erwischt und ist absolut sinnlos.»

Grundsätzlich war ich mit Patrick einer Meinung: Ich möchte niemandem vorschreiben, wie mit einer Krankheit umzugehen ist. Ich tue mich überhaupt sehr schwer damit, über den Sinn oder Unsinn von Krankheit zu philosophieren, zumal ich noch nie ernsthaft und für eine längere Zeit krank war. Andererseits vermute ich gerade im Sinnlosen einen

Umstand, der mich zusätzlich entkräften würde. Wenn ich mir eine akzeptable Erklärung zurechtlegen könnte, warum ich krank geworden bin, beziehungsweise es mir gelingen würde, wertvolle Erkenntnisse aus der misslichen Lage zu ziehen, und vielleicht gerade darin ein Sinn erkannt werden kann, wäre der Boden unter meinen Füßen womöglich nicht ganz verloren. Aber wie gesagt: Das sind Mutmaßungen. Und ich wünsche mir von Herzen, dass ich möglichst nie herausfinden muss, wie ich selbst auf eine schwere Krankheit reagiere und damit umzugehen weiß.

Gesund zu sein ist unbestritten ein großes Glück.

LOST

Ich habe immer sehr viel Kraft gehabt, und in den Jahren habe ich so zahlreiche Widrigkeiten und Veränderungen bewältigt, dass ich im Nachhinein manchmal selbst ganz erstaunt bin. Seit einiger Zeit merke ich aber, dass ich ausgelaugt und erschöpft bin. Plötzlich muss ich ganz genau überlegen, wofür ich noch Energie aufbringen kann ...

w, 50+

FOUND

Ich habe mich selbst nach einer großen Krise wiedergefunden. Vor einem Jahr habe ich mich von meinem Freund getrennt und war seitdem in einer tiefen Depression und habe mich sehr verloren. Nun habe ich mich wiederentdeckt, mit viel mehr Erfahrung. Ich bin gereift durch all die Fehler, die ich gemacht habe. Ich erkenne wieder einen Sinn im Leben. Die Depression ist nun eine Episode in meinem Leben, eine Art «böser Traum». Jetzt bin ich wieder wach, voll da. Ich fühle mich stärker und selbstbewusster. Durch die Krise habe ich erkannt, dass ich dank meiner Erfahrung auch anderen Menschen helfen und Tipps geben kann ... Ich fühle mich erleichtert, glücklich und stärker. Ich weiß, dass ich so etwas überstehen kann und dass man wieder zu sich selbst finden kann. Wann ich das alles realisiert habe? Vor ungefähr einem Monat. Da saß ich am Computer und konnte endlich die Bilder von meinem Exfreund löschen.

w, 20–

LOST

Was ich verloren habe? Meinen Spagat. Nicht den mit dem linken Bein vorne, sondern den anderen. Gemerkt habe ich das vor einer Woche, aber das bedeutet nicht, dass ich ihn erst dann verloren habe. Wahrscheinlich ist er schon seit Jahren weg.

w, 30+

FOUND

Plötzlich, nach über einem Jahr und einfach so mitten am helllichten Tag, habe ich am Arbeitsplatz wieder Vertrauen zu meinem Körper gefunden. Und damit auch Lebenslust und den Mut, neue Dinge auszuprobieren. Dinge, die ich vorher nicht gewagt hätte. Es ist schön, wenn man die Gesundheit spüren kann!

w, 20+

LOST

Ich habe meine Fähigkeit verloren, zu multitasken, effizient und kreativ zu denken. Im Moment denke ich sehr verlangsamt, denke nicht vernetzt. Das vernetzte Denken ist bei mir nicht aktiv. Ich bin sehr schnell müde, geistig müde, und überfordert.

w, 30+

LOST

Ich verliere Wörter: gestern, heute, bestimmt auch morgen wieder. Es passiert am frühen Morgen, mittags oder auch abends. Plötzlich ist beispielsweise der Name einer Freundin entschwunden. Ich krame und suche in meinem Kopf herum. Ich finde ihn nicht mehr. Manchmal ist er plötzlich wieder da. Wenn ich dann frage: «Wo warst du die ganze Zeit?», bekomme ich keine Antwort. So geht es mir auch mit anderen Namen und Begriffen. Sie schleichen sich davon, und wenn ich Glück habe, tauchen sie irgendwann wieder auf.

w, 70+

LOST

Ich habe meine Gesundheit verloren und vermisse sie sehr. Sie wurde von einer gemeinen Erkältungsgrippe vertrieben. Meine Gesundheit ist etwa so groß wie eine Melone, rund, leuchtend, tagsüber orange, sprüht immer kleine Funken und tanzt gerne lustig um mich herum. Nachts ist sie tiefblau mit einem geheimnisvollen Schimmer. Ich spüre, dass sie zu mir zurückwill.

m, 40+

LOST

Ich habe die Stimme in meinem Kopf verloren, diese Stimme, die mir sagt, ich nähme zu viel Platz ein, die mir den Schleier von den Augen reißt, der mein Spiegelbild breiter macht, als es eigentlich ist, die den Ekel vor dem Essen hervorruft, das ich gemäß der Stimme nicht brauche. Das ganze Konstrukt: Anorexie.

w, 20+

FOUND

Mehr Gelassenheit. Am Morgen bin ich viel lockerer, und abends kann ich besser einschlafen. Ich glaube, den Fund habe ich der Selbstreflexion zu verdanken, meiner Lebenserfahrung und meinen Kindern. Und meiner Freude an den kleinen Dingen, an den Spaziergängen in der Natur! Ja, zu denen kann ich nur raten. Gehen Sie spazieren! Draußen! Alleine!

w, 30+

LOST / FOUND

Ich musste zuerst etwas verlieren, um etwas anderes neu zu finden. Ich bin chronisch erkrankt, bisher nicht heilbar. Die Erkrankung betrifft den Energiestoffwechsel. Dadurch habe ich mein altes Leben verloren, wie zum Beispiel: arbeiten gehen zu können, unterwegs zu sein, Menschen jederzeit zu treffen. Aber ich habe ein anderes gefunden: Langsamkeit, Ruhe, Geduld und dadurch eine Bewusstheit für die kleinen Momente und Augenblicke im Leben, für ein Lächeln, für die Natur, für eine Tasse Kaffee, eine tiefere Beziehung zu meinem Schöpfer ... Auch wenn die gesundheitlichen Einschnitte gravierend sind, bedeutet mir das neu Gefundene (fast) mehr als das alte Leben mit seiner Oberflächlichkeit.

w, 40+

LOST

Als Herausforderung für mein Leben habe ich eine fortschreitende Muskelkrankheit mit auf den Weg bekommen – und nachdem ich mir 1994 erst den linken Schienbeinkopf und 2001 beide Oberschenkel gebrochen habe, ist meine Unbeschwertheit nahezu vollkommen verschwunden. Ich kann mich auf vieles nicht mehr mit vollem Herzen freuen, was ich schade finde, denn es gibt doch noch so viel, auf das zu freuen es sich lohnt. Aber immer sitzt da so ein Männchen auf meiner Schulter und flüstert mir ins Ohr: «Freu dich nicht zu früh, wer weiß, was ich für dich noch aus dem Ärmel schüttle!» – Ich kann einfach nicht aus meiner Haut, ich bin immer etwas mehr als nur norddeutschverhalten. Eben nicht mehr unbeschwert und leicht.

w, 40+

FOUND

Ich war lange krank, völlig überlastet und ausgepowert von zu viel Arbeit, zu viel Druck, zu hohen Erwartungen und Selbstansprüchen, mit einer schwer pubertierenden Tochter und in einer komplexen Patchwork-Familiensituation. Die Folge: Verzweiflung, Depressionen, Angstattacken. Und jetzt? Habe ich meine Lebensfreude wiedergefunden! Ich habe mir Hilfe geholt, Verhaltens- und Gefühlsmuster reflektiert und (mit viel Mühe und Rückfällen) verändert, auch bei Rückschlägen nicht aufgegeben, die Schuld nicht bei anderen gesucht, nach einer längeren Auszeit eine neue, zwar viel schlechter bezahlte, aber sehr befriedigende Arbeit gefunden. Meine Tochter ist jetzt einundzwanzig und wir haben ein inniges Verhältnis. Mittlerweile geht es mir gut, ich bin stabil. Ich finde das Leben wieder lebenswert, spüre bei allem Schwierigen in der Welt und meinem Leben auch Hoffnung und Zuversicht. Ich kann wieder vertrauen und traue mir selbst wieder was zu. Ich achte meine Grenzen. Das Leben ist wieder schön und wertvoll, und dafür bin ich unendlich dankbar!

w, 40+

LOST

Ich habe die Geduld mit den Rauchern verloren. Es stinkt und ist ungesund!

w, 10–

LOST

Ich habe in den letzten drei Monaten an Schwere verloren, nämlich zehn Kilogramm meines Körpergewichts – die möchte ich keinesfalls wiederfinden. Wer ihnen begegnet, darf sie gerne haben, weitergeben oder einfach ignorieren.

w, 50+

LOST / FOUND

Ich habe am 13. Juli 2012 meine Gewissheit verloren, steinalt zu werden. Ich dachte immer, ich würde mein Leben über neunzig Jahre lang genießen können. So alt sind fast alle meiner Großeltern und mein Urgroßvater geworden. Doch vor fast fünf Jahren bekam ich die Diagnose Brustkrebs. Seitdem ist diese Gewissheit weg. Aber ich habe auch etwas gefunden: Lebenshunger! Er war plötzlich da, während der Chemotherapie. Kaum war ich zu Hause, habe ich gehandelt: Ich bin mit meinem Schatz nach Prag gefahren, für fünf Tage – und wir wohnten auf einem Hotelschiff mitten in der City. Das war wunderbar ... und erst der Anfang. Jetzt genieße ich das Leben. Ich mache Flusskreuzfahrten, Kreuzfahrten, habe mir einen mintfarbenen Roller im Retrolook und ein Cabrio gekauft – ich verschiebe nichts Schönes mehr auf «später» ... Früher sagte ich mir immer: «Den Wunsch erfülle ich mir, wenn ich Pensionärin bin!» Nein! Ich lebe jetzt – und ich mache alles, was mir gefällt!

w, 40+

LOST

Meine Jugend, meine besten Jahre und meine Gesundheit. Und das macht mich sehr traurig. Über die Jugend komme ich hinweg, mir bleiben hoffentlich noch ein paar gute Jahre. Und was meine besten Jahre betrifft ... Nun, vielleicht irre ich mich da ja – und die kommen erst noch? Aber mit der Gesundheit ist das so eine Sache. Jedes Mal, wenn ich eine schwere Krankheit überstanden habe, kommt eine neue und bohrt sich in mein Leben. Ja, die Gesundheit ist es! Sie vermisse ich am allermeisten. Ich habe sie schon vor etlichen Jahren verloren, aber der Schmerz des Verlusts wird jedes Jahr größer.

w, 50+

LOST

Es ist schon über zwanzig Jahre her. So lange, dass ich nicht weiß, ob es überhaupt noch Sinn macht, noch einmal zu suchen. Aber da ich auch nicht genau weiß, wo der Verlust zustande kam, warum sollte man nicht irgendwo in Zürich in einem Bahnhof, auf einer Toilette, auf der Straße zufällig das finden, was mir abhandengekommen ist. Ich habe meine Lebensfreude verloren. Sie muss irgendwo zu finden sein, denn sie war recht groß. Aber vielleicht hat sie auch jemand gefunden, der sie an sich nahm, sich an ihr erfreut, sie nicht mehr hergeben möchte. Vielleicht hat sie aber auch jemand gefunden, der sich freut, sie mir zurückgeben zu können. Ich vermisse sie sehr, denn ich muss die Lebensfreude mit Medikamenten ersetzen, verlasse nur selten das Haus und liege meist im Bett. Dem ehrlichen Finder steht als Finderlohn eine großzügige Teilhabe an dieser zu.

m, 50+

FOUND

In den letzten Monaten fand ich eine neue Wertschätzung für alles, was ich, was wir alle in der Schweiz haben. Kommen jedem und jeder die alltäglichen Probleme manchmal überwältigend vor, so hat ein guter Freund mit Depression und Angstzuständen mir vor Augen geführt, wie machbar alles andere im Vergleich eigentlich ist. Auch wenn es kitschig und ausgeleiert klingt: Man lebt nur einmal. Machen wir das Beste daraus!

w, 20+

Guten Tag, haben Sie meine Kraft gefunden, meine grenzenlose Energie?

LOST

Ich habe bei einem Unfall meinen Geruchssinn verloren. Ich bin ein leidenschaftlicher Esser und Mittrinker, und jetzt schmeckt alles gleich. Ich habe noch meinen Geschmackssinn, ich finde ihn aber derart banal – was ich übrigens erst jetzt merke, ohne Geruchssinn. Falls es einen Metzger oder einen Bauer oder Kanalisationsarbeiter oder eine Toilettenreinigungskraft gibt, die ihren Geruchssinn nicht mehr braucht, würde ich den sehr gerne übernehmen.

m, 40+

LOST

Ich war heute Abend schwimmen – und hab dabei ganz schön viel Energie verloren. Jetzt habe ich Hunger! Ich freue mich, bald etwas Gesundes zu essen, um wieder zu Kräften zu kommen.

w, 40+

LOST

Ich habe vor rund zwei Jahren die Freude am Schwimmen verloren. Wegen meiner Krankheit (Morbus Crohn) musste ein Teil des Dickdarms entfernt werden, und ich habe jetzt einen künstlichen Darmausgang im Bauch. Daran hängt ein «Sack», den ich mindestens zweimal täglich wechseln muss. Ich geniere mich, damit ins Schwimmbad zu gehen.

w, 60+

LOST

Ich weiß nicht mehr, was ich verloren habe. Womöglich eine Erinnerung. Ich kann aber nicht mal mehr sagen, woran. Das macht mich ratlos. Ich glaube, es war etwas Wichtiges.

m, 30+

LOST

Seit ich chronisch krank und nicht mehr berufstätig bin, habe ich fast alle Kontakte zu Menschen verloren. Jeder (meine erwachsenen Kinder, Freunde, Bekannte) hat ständig soooo viel zu tun und keine Zeit für eine Rückfrage, ein Gespräch oder gar einen Besuch. Das ist belastend und oft schwer auszuhalten. Ich frage mich inzwischen, wohin alle hetzen, was sie erwarten, ob sie überhaupt noch innehalten und zur Ruhe kommen. Mein Fazit: Viele Menschen interessieren sich nicht mehr für Menschen. Was für einer Zukunft gehen wir da wohl entgegen?

w, 50+

FOUND

Ich habe in der Natur, in den Bergen das Glück gefunden und die Ruhe, Erholung. Eigentlich bin ich in den Wald und in die Berge gegangen, um Tiere zu beobachten und Pilze zu sammeln. Wegen der Langsamkeit und der Achtsamkeit, die beide Tätigkeiten erfordern, kam ich zur Ruhe. Und auf die Ruhe folgte das Glück.

Sind die Tage zu dicht, zu hektisch, zu laut, verabschiede ich mich nun jeweils für einen Tag in die Natur und kehre abends glücklich zurück.

w, 50+

LOST

Ich habe die Hoffnung verloren, Heilung oder mindestens Linderung von meinen Schmerzen und Beschwerden zu erlangen. Ich habe die Gewissheit gefunden, dass mir nur noch eine beschränkte und qualvolle Zeit bleibt, in einer Welt, in der man sein Leben in allen Facetten genießen wollte.

w, 40+

LOST

Ich habe den Purzelbaum verloren – das ist lange her. Ich nehme an, ich war Mitte dreißig. Diesen Purzelbaum mochte ich wirklich sehr gerne. Und jetzt? Jetzt bin ich zu steif und ungelenkig.

w, 50+

FOUND

Einen fröhlichen Herzhüpfer – während des Mittagessens in der Küche vom Pausenraum. Gemäß synaptischer Auswertung handelt es sich um einen gefühlten Lattensprung von genau 2,23 Metern mit innerlichem Jauchzer auf dem Höhepunkt.

m, 50+

FOUND

Ich habe Anfang des Jahres eine innere Unruhe gefunden, die nicht mir gehört. Sie sitzt in meinem Magen, nimmt sich Platz, der nicht ihr gehört, und ist giftig. Gibt es eine Entsorgungsstelle?

w, 20+

FOUND

Ich habe Luft gefunden. Luft! Vor ungefähr einer Woche und mit Hilfe von Tigerbalsam. Meine Nase war immer verstopft, den ganzen Winter lang. Das ist mir zum ersten Mal im Leben passiert.

w, 10+

FOUND

Ich habe meine Mobilität wiedergefunden! Beim Wandern hatte ich mir eine schwere Fraktur des Sprunggelenks zugezogen und war dadurch fünf Monate «aus dem Verkehr gezogen». Drei Monate lang war ich auf einen Rollstuhl angewiesen, danach ging es langsam und wortwörtlich Schritt um Schritt mit dem Laufen los ... Für alles brauchte ich Hilfe, Geduld war das große Zauberwort! Zwischenzeitlich kann ich wieder gut laufen, ich fahre auch wieder Auto – ich bin mobil! Dafür bin ich sehr dankbar! Nächste Woche bekomme ich das Metall aus dem Fuß entfernt und hoffe sehr, dass mir meine Mobilität erhalten bleibt.

w, 50+

FOUND

Freude an der Stille – Fernseher aus – Vögel zwitschern hören – Geräusche im Haus. Zur Ruhe kommen – den eigenen Atem «genießen» und sich nicht berieseln lassen. Merken, wie der Körper immer mehr entspannt, und lauschen, ohne zu bewerten. Stille genießen und einsaugen!

w, 40+

FOUND

Ich habe meine Rauchfreiheit wiedergefunden nach über zehn Jahren Abhängigkeit und täglich mindestens einer Schachtel Zigaretten. Ich habe mit vierzehn angefangen zu rauchen und seitdem durchweg jeden Tag mindestens eine Schachtel geraucht. Letztes Jahr bekam ich plötzlich Atemprobleme. Ich musste mich etwas «anstrengen», Luft zu holen, was ein befremdliches Gefühl war. Mein Arzt sagte mir nach einer Untersuchung, die Lunge sei so weit okay, aber etwas belegt. Noch am selben Tag habe ich meine Zigaretten weggeworfen und keine einzige mehr angerührt, habe auch keinerlei Verlangen mehr danach. Mein Freund hat daraufhin nach ebenfalls knapp zehn Jahren als Raucher ebenfalls aufgehört (nach einigem Drängen und Bitten). Ich bin wahnsinnig stolz auf uns!

w, 20+

FOUND

Ich habe meine Lebensfreude wiedergefunden – früher hat es mich ausgemacht, immer zu lachen und die kleinen Dinge zu genießen. Aber dann wurde ich krank, psychisch, und konnte nicht mehr fröhlich sein und zufrieden. Nun geht es bergauf; dank einer Therapie, dank Reisen, dank dem Sport, der Sonne, auch dank dem Regen. Ich merke es, wenn ich lese, wenn ich allein bin, auch im Kreise meiner Freunde: Sie ist wieder in mir, die Freude am Leben. Und plötzlich gibt es da auch wieder diese Momente, in denen ich ohne speziellen Grund lächle oder sogar laut lache, Momente, in denen ich vor Freude sogar weine.

w, 20–

FOUND

Ich bin schwanger und habe eine Tiefenentspanntheit gefunden. Das hat mich sehr erstaunt, weil ich dachte, ich hätte Panik. Ich bin nicht entscheidungsfreudig, umso mehr hat es mich erstaunt, dass ich jetzt so entspannt bin, mit dem werdenden Leben in mir.

w, 30+

FOUND

Vor einer Woche habe ich bei der Lektüre des Buchs *Search Inside Yourself. Das etwas andere Glücks-Coaching* etwas gefunden, das mir mehr Ruhe gibt. Mehr Ruhe auch in nervigen Besprechungen. Ich lenke jetzt einfach die Aufmerksamkeit auf mein Inneres oder meinen Atem. Das macht es viel leichter, das äußere Theater nicht mehr zu bewerten.

m, 60+

Und jetzt sind Sie dran: Welche Lost- oder Found-Meldung zum Themenbereich «Gesundheit» würden Sie hier gerne platzieren? Beschreiben Sie es: Was haben Sie gefunden, was verloren? Und wo und wann ist das passiert?

Alle Achtsamkeit dem Glück

Das Glück außerhalb von uns zu suchen gleicht dem Warten auf Sonnenschein in einer nach Norden gelegenen Höhle.

TIBETISCHES SPRICHWORT

«Guten Tag, haben Sie mein Glück gefunden?»

Diese Frage steht hier ganz am Anfang, nämlich schon auf dem Titelblatt. Und vielleicht haben wir es sogar dem Wort *Glück* zu verdanken, dass Sie dieses Buch gekauft, es geschenkt bekommen oder in einer Ferienwohnung aus dem fremden Bücherregal gezogen haben. Denn *zum Glück* fühlt sich der Mensch hingezogen. Es ist eine Art Heiliger Gral, das primäre Lebensziel vieler. Nämlich all jener, die sich nicht zu stark mit dem Unglück identifizieren, nicht in einem glücksfremden Umfeld beheimatet sind. «Viele Menschen wachsen in Familien auf, in denen man das sich und einander nicht gönnt», sagt Thomas Meyer, der Schweizer Schriftsteller, der bei unserem Fundbüro ebenfalls als «Gastbeamter» im Einsatz war und von dem wir schon im Kapitel mit der Liebe berichtet haben. «Ich glaube, viele von uns lernen in ihrer Kindheit, dass das Leben ein ewiger Kampf ist.»

Sollte man Ihnen das ebenfalls beigebracht haben, sollten Sie also glauben, dass Ihnen das Glück nicht zusteht, dass Ihr Schicksal das Leiden ist, die Qual und die Bürde, dann bitten wir Sie, diese Einstellung möglichst rasch zu verlieren. Holen Sie derlei toxische Glaubenssätze aus sich heraus, isolieren Sie sie, setzen Sie sie an einem gottverlassenen Straßenrand aus, verabschieden Sie sich noch, wenn Sie nicht unfreundlich sein wollen, aber dann gehen Sie. Gehen Sie, ohne zurückzuschauen. Denn es ist nicht egoistisch, sondern absolut legitim, nicht nur anderen Glück zu wünschen, sondern auch sich selbst. Und dieser Wunsch ist keineswegs eine Modeerscheinung, also nicht bloß das Begehren einer hedonistischen Gesellschaft – schon Aristoteles erkannte im Glück «das Ziel, zu dem alles strebt ... Und in dem der Mensch als Mensch zur Vollendung kommt».

Was ist Glück für Sie?

Wissen Sie, was Glück für Sie bedeutet? Welche Gefühle und Aktivitäten Sie damit verbinden? Glück und Unglück, wurde uns bewusst, hat viele Gesichter. Und wir haben unsere Kundinnen und Kunden stets gebeten, ihr Vermisstes oder Gefundenes etwas genauer zu beschreiben, damit diese Gesichter schärfere Konturen bekommen, man sie besser erkennen kann. Da aber beginnt schon die Herausforderung: Es fällt vielen nicht leicht, dem Glück eine stimmige Definition zuzuschreiben. Jean-Jacques Rousseau, Aufklärungsphilosoph aus Genf, hat einst treffend formuliert: «Jeder Mensch will glücklich werden; um das Ziel aber zu erreichen, müsste er zunächst wissen, was das Glück eigentlich sei.»

Wir möchten hier darüber nachdenken – ohne das Geheimnis vollends lüften zu können oder gar eine Garantie abzugeben, dass wir Ihr Leben mit ein paar Buchseiten verändern, verbessern. Zumal wir keine Selbsthilfe-Gurus sind, keine professionellen Glücksforscher, keine klinischen Psychologen. Aber wir wurden von den Menschen inspiriert, die sich auf das Abenteuer Fundbüro für Immaterielles eingelassen und ihre Geschichte erzählt haben. Und als uns schließlich klar wurde, dass die meisten Meldungen im Grunde um das Glück oder Unglück tanzen wie der Derwisch um sich selbst, fühlten wir uns eingeladen, dieser Spur nachzugehen, uns also in Bücher zu vertiefen, Fachlektüre zu konsultieren, mit verschiedenen Menschen das Gespräch zu suchen. Und vielleicht gelingt es uns hier, ganz im Sinne eines Happy Ends, eine Art Essenz zusammenzutragen und Sie dazu einzuladen, unseren Gedanken Ihre eigenen hinzuzufügen und herauszufinden, was Sie denn wirklich brauchen und tun können, um glücklich zu sein.

Glück ist Glück ist Glück

Um uns dem Geheimnis des Glücks anzunähern, möchten wir bei der Begriffsbestimmung beginnen und unserer Sprache. Weil die Sprache unweigerlich auch das Denken prägt. Wie sehr, ist uns oftmals gar nicht bewusst. Doch beim Versuch einer Annäherung sind wir auf einen spannenden Hinweis des Glücksforschers und emeritierten Professor für Psychologie an der University of Chicago gestoßen: Mihály Csíkszentmihályi weist uns nämlich darauf hin, dass wir im deutschen Sprachgebrauch ein kleines Problem mit dem Glück haben: So steht ein und derselbe Begriff für dreierlei, nämlich für das glückliche Leben im Sinne von Freude sowie

Genusserfahrungen (*happiness* und *enjoyment*) als auch für das Glück im Sinne von Zufall (*fortune*). Dadurch laufen wir Gefahr, dass wir diese unterschiedlichen Bedeutungen in unserem Kopf miteinander verknüpfen, dass wir also die Fähigkeit, Glück zu empfinden, beispielsweise von einem guten Job, einem prall gefüllten Bankkonto, einer schönen Wohnung und anderen «Dingen» abhängig machen oder gar vom Wohlwollen Fortunas – im Sinne von: Es braucht schon Glück, um glücklich zu sein. Hierbei handelt es sich aber um Rahmenbedingungen, die zuerst mal erarbeitet oder gegeben sein, uns vom Schicksal oder Zufall «geschenkt» werden müssen. Und das wiederum mag dazu führen, dass wir uns höheren Mächten ausgeliefert fühlen und kraftlos. Oder aber wir verwenden unsere ganze Energie und Konzentration darauf, die äußeren Umstände optimal zu gestalten, uns also im Außen und im Handeln zu verstricken, viel mehr «Human Doing» als «Human Being» zu sein.

Vielleicht kennen Sie diese vermeintlichen, im Kopf konstruierten Kausalitäten: Wenn ich diese zehn Kilo abgenommen habe, die mich noch von meinem Idealgewicht trennen … Wenn ich den richtigen Mann oder die richtige Frau gefunden habe … Wenn ich die Beförderung erhalte, die doch eigentlich schon längst fällig wäre … Wenn ich … Wenn ich … Wenn ich … Dann! – Ja, wenn wir all das haben, wenn also die äußeren Umstände optimiert sind, perfekt, dann macht uns das glücklich. Aber machen wir uns da nicht etwas vor? Stimmt das denn wirklich? Und wenn es stimmt, wie lange hält dieses Glücklichsein an? Solange das vermeintlich ideale «Setting» der Perfektion bestehen bleibt? Ist es nicht so, dass der kleine Nimmersatt in uns von Natur aus zu noch Erfolgreicheren, Schöneren, Klügeren herüberschielt und dabei auf die Idee kommt, noch mehr zu wollen, noch mehr zu brauchen, um dann vielleicht noch ein klein wenig glücklicher zu sein?

Apropos Nimmersatt: Dazu hat uns die Filmwelt einen pointierten, wunderbar illustrierenden Dialog geschenkt. In Oliver Stones Börsen-Krimi *Wall Street: Geld schläft nicht* unterhält sich ein junger Wall-Street-Banker namens Jacob mit einem gewissen Bretton, dem CEO einer Investmentbank. Der ungefähre Wortlaut:

Jacob: Was ist Ihre Zahl?
Bretton: Wie meinen Sie das?
Jacob: Wie viel Geld brauchen Sie auf dem Konto, um all das hinter sich zu lassen und einfach glücklich zu sein?
Bretton: ... Mehr!

Mehr. Immer mehr. Mehr als jetzt, mehr als andere. Wer so denkt und danach handelt, lässt dem Glück keine Chance: «Des Glückes Tod ist immer der Vergleich», stellt der Psychologe Dieter Lange fest. Er ist seit über zwanzig Jahren als Referent, Trainer und Coach für Top-Führungskräfte im Einsatz, darunter bei international agierenden Großunternehmen wie Bayer, Bertelsmann, Novartis und Siemens. Lange sagt in einem seiner Videos, die es auf YouTube gibt: «Wenn Sie einen unglücklichen Menschen treffen, können

Sie davon ausgehen, dass er vergleicht: nämlich das, was ist, mit dem, was er lieber hätte.»

Entdecken und wecken Sie das Glück in sich

Sonja Lyubomirsky, Psychologie-Professorin an der University of California, beschäftigt sich ebenfalls mit der Frage, was uns glücklich macht. Und das seit vielen Jahren und auf wissenschaftlicher Basis. Bei ihr finden wir klare Antworten, die im ersten Moment überraschend sein dürften; beispielsweise die, dass nur etwa zehn Prozent unseres Glücksniveaus von äußeren Gegebenheiten abhängen. Lassen Sie das mal nachklingen bei sich. Einen kleinen Moment lang. Nur zehn Prozent. Das ist in der Tat erstaunlich. Finden Sie nicht?

Studien erklären dies mit einer mächtigen Kraft, die Psychologen «hedonistische Anpassung» nennen – und die letztlich für unsere rasche Gewöhnung ans Glück steht. Kurzfristig kann uns der Bonus Ende des Jahres, das neue paar Schuhe oder die Heirat des geliebten Partners natürlich glücklich machen ... Das neuronale Belohnungssystem im Gehirn wird angesprochen, wir werden von glücklich machenden Botenstoffen durchflutet und erleben ein Hochgefühl. Dieses Hochgefühl führt aber leider nicht zu einer dauerhaften inneren Zufriedenheit. Tief empfundenes Glück, so Lyubomirsky, sei nichts, das wir in der Welt draußen suchen und finden müssen, sondern in uns selbst. So einfach ist das. Und so schwierig zugleich.

Halten wir fest: Das Glück, das wir suchen, ist ein Reichtum, der herzlich wenig mit dem aktuellen Stand des Bankkontos oder der Attraktivität unseres Spiegelbilds zu tun hat. Wie *happy* wir ganz grundsätzlich sind, sei zu 50 Prozent genetisch bedingt, verrät Lyubomirsky, also tatsächlich in die Wiege gelegt, entspringe aber zu einem wesentlichen Teil auch dem Geist. Dieser Teil, der unsere eigene Haltung betrifft, beträgt nach Angaben der Glücksforscherin rund 40 Prozent. Das sind gute Nachrichten. Sehr gute sogar! Denn das bedeutet, dass wir uns selbst glücklicher machen können, als wir vielleicht glauben – so schönschwätzerisch das auch klingen mag.

Aber wenn 40 Prozent unseres Glückes «hausgemacht» sind, steht fest: Fortuna mag zwar noch immer mitspielen, klar, aber die äußeren Umstände kommen nicht gegen unsere innere Einstellung an und jene Geisteszustände, die Glück begünstigen und stärken.

Sie kennen den Spruch: «Jeder ist seines Glückes Schmied»? Vielleicht mögen Sie ihn nicht. Vielleicht setzt er Sie lediglich unter Druck. Patrick ist überzeugt, dass es im Leben tatsächlich Momente geben kann, in denen er unangebracht ist. Diese stetige, implizite Aufforderung, selber Veränderungen einzuleiten, um dadurch glücklicher zu werden, kann durchaus zum Stressfaktor werden. Wir möchten hier also nicht vorgeben, dass ein «Sein wie es ist», mit allem Drum und Dran, mit Unzufriedenheit, Verzweiflung, Wut, Angst und Hoffnungslosigkeit, keine Berechtigung hat. Es ist nun mal so: Das Leben läuft nicht immer rund. Es kann schwierig bis sehr schwierig sein. In solchen Lebensphasen kann das Streben nach Glück oder auch bloß das Denken an Glück in weiter Ferne liegen – unerreichbar. Dabei mag das reine «Sein» für manch einen eine Überlebensstrategie bieten, eine Überbrückung, bis bessere Zeiten kommen. Das tapfere Ein- und Ausatmen, bis sich das Bedürfnis einstellt, die Fährte (wieder) aufzunehmen.

Achten Sie auf Ihre Achtsamkeit

Bei all jenen aber, die dem Glück auf die Spur kommen möchten, stellt sich folgende Frage: Welche Geisteszustände begünstigen und stärken denn das Glück? Eigentlich kennen wir die Antwort oder können wenigstens gewisse Haltungen und Verhaltensweisen klar ausschließen. Oder haben Sie schon mal erlebt, dass Sie Eifersucht glücklich macht? Oder Hass? Missgunst? Gier? Nein, es sind ganz andere mentale Zustände, die uns unserem Ziel näherbringen, näher ran an den Heiligen Gral. Für den buddhistischen Mönch und französischen Molekularbiologen Matthieu Ricard steht fest, dass Liebe, Mitgefühl und Dankbarkeit die Schlüssel zum persönlichen Glück sind. Mit ihnen verbunden seien wiederum Aufmerksamkeit, Gegenwärtigkeit, Akzeptanz sowie die Kultivierung eines «inneren Beobachters» – kurz: die Bausteine menschlicher Achtsamkeit.

Wenn Sie nun denken, dass das alles nett und schön und gut klingt, eine Aufreihung hübscher Begriffe ist, aber noch lange keine klare Anleitung, keine magische Strategie – dann haben Sie absolut recht! Was wir hier liefern können, sind lediglich Hinweise. Und im besten Fall Anregungen, die Sie noch heute aufnehmen, um sie in Ihr Leben zu integrieren. Eine solche Anregung liegt beispielsweise in unserer Einladung zur Achtsamkeit. Denn dadurch, dass wir achtsam sind, im Moment präsent, können wir etwas wahrnehmen, für das wir ansonsten womöglich nicht sensibel genug wären oder das wir als Selbstverständlichkeit abtun. Außerdem sind wir im achtsamen Zustand in der Lage, uns besser vor negativen Einflüssen zu schützen. Durch das Praktizieren von Achtsamkeit entsteht schließlich eine innere Ruhe und eine tiefe Entspannung – sowohl für unseren Körper als auch für den Geist.

Es spricht also viel dafür, direkt mit der Praxis zu beginnen. Aber wie machen wir das? Wie können wir Achtsamkeit in unserem Leben kultivieren? Wir, die doch der ständigen Reizüberflutung und Ablenkung ausgesetzt sind und dabei funktionieren müssen, die alles schnell und manches zeitgleich tun, damit uns der Berg mit den Aufgaben nicht über den Kopf wächst, damit die Kinder abends satt im Bett liegen, der Partner sich wertgeschätzt fühlt, der Körper trainiert ist und die Karriere vorangetrieben wird? Nun, wir sollten es trotzdem probieren – oder gerade deshalb.

Vielleicht kennen Sie das alte Zen-Sprichwort: «Du solltest täglich zwanzig Minuten meditieren. Außer wenn du zu beschäftigt bist, dann meditiere eine Stunde lang.» Da haben wir's. Gerade dann, wenn es in unserem Leben für die Entspannung, die Achtsamkeit, für unsere innere Welt und ureigenen Bedürfnisse keinen Platz gibt, sollten wir diesen

Raum schaffen. Und zwar sofort und nicht irgendwann später. Denn sonst kann es tatsächlich passieren, dass du dir abhandenkommst. Oder in den Worten des spirituellen Lehrers Eckhart Tolle: «Wenn du die Berührung mit der inneren Stille verlierst, verlierst du den Kontakt mit dir selbst. Wenn du den Kontakt mit dir selbst verlierst, verlierst du dich in der Welt.»

Üben Sie, mitten drin in Ihrem Alltag

Die Yogalehrerin Marie Licht, die zusätzlich in Positiver Psychologie ausgebildet ist, das Glück als Lebensthema nah am Herzen trägt und bei unserem letzten Fundbüro-Tag als «Gastbeamtin» im Einsatz war, rät: «Wenn man die Achtsamkeit trainieren will, sollte man zu Beginn eine Übung wählen, die gut in den Alltag integriert werden kann.» Und so griffig und richtig das zuvor genannte Zen-Meditations-Sprichwort auch sein mag: Halten Sie die Ansprüche an die Dauer Ihrer Achtsamkeitspraxis vorerst niedrig. Fünf oder zehn Minuten, rät Marie Licht auch in ihren Kursen, seien doch besser als nichts. Wichtiger als die Dauer ist die Regelmäßigkeit, denn durch das ritualisierte Üben wird das Gelernte verinnerlicht und so zur gewinnbringenden Gewohnheit.

Wie Sie Ihre Achtsamkeit trainieren möchten, ist natürlich Ihnen überlassen. Übungen und Anregungen dazu finden Sie überall: Sie wachsen derzeit wie Margeriten aus wilden Wiesenböden – und das hat seinen Grund. Der Grund ist die Zeit, in der wir leben. Zahlreiche Magazine widmen sich dem Thema, unzählige Bücher wurden dazu geschrieben, die Yoga-Studios boomen, Achtsamkeitskurse werden angeboten, Videos stehen online zur Verfügung. Sie können dieses Buch jetzt zuklappen und sich auf die Suche machen, irgendwo da draußen – oder auch über die Lektüre hinaus beim Fundbüro bleiben. Das würde dann bedeuten, dass Sie mit jenen Lektionen und Chancen weitermachen, die mit dem Wesen des Projekts verbunden sind:

Übung I

Setzen Sie sich gelegentlich den Hut des Fundbüro-Beamten auf, seien Sie ganz beim Gegenüber, das erzählt.

Achtsames Zuhören

Die Übung des achtsamen Zuhörens haben wir Ihnen im Buch bereits vor den publizierten Meldungen schmackhaft gemacht. Zusammengefasst geht es darum, eine wertschätzende Haltung gegenüber der anderen Person einzunehmen – also ein Zuhören zu praktizieren, das ohne Bewertung auskommt und bei dem man dem Reflex widersteht, das Gegenüber zu unterbrechen, um eigene Gedanken und Erfahrungen zu äußern. Der schöne Nebeneffekt des achtsamen Zuhörens ist übrigens der, dass sich die Übung auch positiv auf unsere zwischenmenschlichen Beziehungen auswirkt. Und wer wirklich beim Gegenüber sein will, muss sich voll auf das Hier und Jetzt konzentrieren. Einfach da sein, im Moment.

Übung 2

Besuchen Sie allabendlich den Fundbüro-Schalter, mit dem Fokus auf das, was tagsüber schön war.

Positiver Tagesrückblick

Der *Positive Tagesrückblick* (auch *«three good things»* oder «die drei Schätze» genannt) ist eine der am besten untersuchten und bekanntesten Übungen aus der Positiven Psychologie. Es geht darum, allabendlich drei Erlebnisse aufzuschreiben, die während des Tages glücklich machten – und zu notieren, was man selbst dazu beigetragen hat.
Schaut man auf diese Momente zurück, schärft das die Wahrnehmung für das, was Zufriedenheit bringt. So schließen wir den Tag positiv ab, sodass wir auch besser schlafen können und morgens erholter aufwachen. Ein toller Nebeneffekt: Durch die regelmäßige Übung lernt man sich auch besser kennen und erfährt, was einem gefällt und guttut, wie man solche glücklich machenden Augenblicke auch bewusst herbeiführen kann.

Als Fundbüro-Variante schlagen wir vor: Kaufen Sie sich ein schönes Heft. Kaufen Sie sich einen schönen

Stift. Schreiben Sie mit dem schönen Stift auf das Titelblatt vom schönen Heft: *Fundbüro fürs Glück*. Oder, wenn Ihnen das zu kitschig ist: Amt für Positives. Und dann machen Sie allabendlich vor dem Einschlafen Ihre drei Meldungen, wobei es – anders als auf den freien Seiten am Ende der jeweiligen Kapitel – tatsächlich nur um das Schöne, Erfreuliche, Positive geht, was Sie gefunden haben. Ihre schmerzlichen Verluste oder unschönen Fundgeschichten dürfen Sie natürlich ebenfalls aufschreiben, denn wie Sie inzwischen erfahren haben, kann auch das befreiend und klärend sein und letztlich zu mehr Wohlbefinden beitragen. Aber: Tun sie das nicht in diesem Heft. Und vielleicht ebenso wenig direkt vor dem Lichterlöschen.

Was immer Sie ausprobieren: Bleiben Sie hartnäckig dabei – oder wie Jon Kabat-Zinn, ein US-amerikanischer Lehrer der Achtsamkeitsmeditation, es formuliert: «Üben Sie unbeirrt weiter, auch wenn der Geist Ihnen ständig weismachen will, dass es unsinnig oder pure Zeitvergeudung sei. Üben Sie mit ganzem Einsatz, als würde Ihr Leben davon abhängen. Denn das tut es in mehr als einer Hinsicht.»

Wir wünschen Ihnen alles Gute.

Dank

Wir danken:

All den Menschen, die ihre Verlust- und Fundgeschichten mit uns geteilt haben.

Den Gastbeamten des Fundbüros und allen anderen, die uns bei unserer Arbeit unterstützt haben.

Jenen, die dieses Buch in Händen halten, die Beispiele anderer lesen und sich auf die Suche nach eigenen Meldungen machen.

Unseren Partnern, Familien, Freunden.

Dem Pavilleon-Team, das dem Fundbüro am Werdmühleplatz eine Heimat gegeben hat.

Literatur und Links

Birkenbihl, Vera F. (2013): Positives Denken von A bis Z. So nutzen Sie die Kraft des Wortes, um Ihr Leben zu verändern. München: mvg.

Birkenbihl, Vera F. (2018): Finde deinen Fixstern. Die eigenen Lebensziele erkennen und erreichen. München: mvg.

Bucay, Jorge (2013): Drei Fragen. Wer bin ich? Wohin gehe ich? Und mit wem? Frankfurt am Main: Fischer.

Csíkszentmihályi, Mihály (2016): Flow. Der Weg zum Glück. Freiburg im Breisgau: Herder.

Carroll, Lewis (1999): Alice im Wunderland. Ditzingen: Reclam.

Castaneda, Carlos (1976): Reise nach Ixtlan. Die Lehre des Don Juan. Frankfurt am Main: Fischer.

Frankl, Viktor E. (2013): Der Mensch vor der Frage nach dem Sinn. München: Piper.

Hanh, Thich Nhat (2014): Achtsam sprechen, achtsam zuhören. Die Kunst der bewussten Kommunikation. München: O. W. Barth.

Harari, Yuval Noah (2017): Homo Deus. Eine Geschichte von Morgen. München: C. H. Beck.

Heimes, Silke (2009): Kreatives und therapeutisches Schreiben. Ein Arbeitsbuch. Göttingen: Vandenhoeck & Ruprecht.

Heimes, Silke (2012): Warum Schreiben hilft. Die Wirksamkeitsnachweise zur Poesietherapie. Göttingen: Vandenhoeck & Ruprecht.

Kabat-Zinn, Jon (2013): Gesund durch Meditation. Das große Buch der Selbstheilung mit MBSR. München: Knaur.

Knapp, Natalie (2015): Der unendliche Augenblick. Warum Zeiten der Unsicherheit so wertvoll sind. Reinbek: Rowohlt.

Kotsou, Ilios (2013): Das kleine Übungsheft. Achtsamkeit. Berlin / München: Trinity.

Lyubomirsky, Sonja (2008): Glücklich sein. Warum Sie es in der Hand haben, zufrieden zu leben. Frankfurt am Main: Campus.

Meyer, T. (2017): Trennt euch! Zürich: Salis.

Nietzsche, Friedrich (2006): Menschliches, Allzumenschliches. Köln: Anaconda.

Pennebaker, James W. (2010): Heilung durch Schreiben. Ein Arbeitsbuch zur Selbsthilfe. Bern: Hans Huber.

Precht, Richard David (2009): Liebe. Ein unordentliches Gefühl. München: Goldmann.

Precht, Richard David (2013): Wer bin ich – und wenn ja, wie viele? Eine philosophische Reise. München: Goldmann.

Rex, Annette (2009): Auf der Suche nach dem verlorenen Sinn. Über den Nutzen des Schreibens als Instrument der Bewältigung von Traumata und Krisen. Berlin: LIT Verlag.

Ricard, Matthieu (2009): Glück. München: Knaur.

Strom, Max (2011): Das Herz des Yoga. Körper, Geist, Gefühle – Die drei Säulen der Transformation. München: Kailash.

Tan, Chade-Mend (2012): Search Yourself. Das etwas andere Glücks-Coaching. München: Arkana.

Tolle, Eckhart (2010): Jetzt! Die Kraft der Gegenwart. Bielefeld: J. Kamphausen.

Vom Scheidt, Jürgen (2003): Kreatives Schreiben. Texte als Wege zu sich selbst und zu anderen. Frankfurt am Main: Fischer.

Ware, Bronnie (2013): 5 Dinge, die Sterbende am meisten

bereuen. Einsichten, die Ihr Leben verändern werden. München: Arkana.
Watzlawick, Paul (2012): Wie wirklich ist die Wirklichkeit? Wahn, Täuschung, Verstehen. München: Piper.
Weiss, Halko; Harrer, Michael E., und *Thomas Dietz (2010):* Das Achtsamkeits-Buch. Stuttgart: Klett-Cotta.

Yoga & Coaching

www.brittakimpel.com (u. a. die Podcast-Reihe: Tiefer, langsamer & näher)
www.marie-licht.com (Yoga und das Glück im Leben)

YouTube-Links

Richard David Precht: «Rasender Stillstand. Beschleunigen wir uns zu Tode?» Im Gespräch mit Hartmut Rosa: https://youtu.be/ni_-x587b6c
Vera F. Birkenbihl: «Pragmatische Esoterik. Der kleine Weg zum großen Selbst»: https://youtu.be/c_1-nbfRzOo
Vera F. Birkenbihl: «Liebe», eine Sendung auf BR-alpha: https://youtu.be/Kjvls9tQDUc
Dieter Lange: «Wann Erfolg glücklich macht – und wann nicht»: https://youtu.be/k3RGeJRXm8s

MIX
Papier aus verantwortungsvollen Quellen
FSC® C083411

Das für dieses Buch verwendete Papier ist FSC®-zertifiziert.